独学術

白取春彦

ディスカヴァー
携書
088

独学術

目次

第1章　勉学は独学にかぎる

第2章　難解な本を読むコツ

第3章　教養を身につける

第1章
勉学は独学にかぎる

独学は学習ではない

「学習」は低レベルのもの

「生涯学習」という言葉は官僚がつくったのだろうか。誰がつくったにしても、この言葉はあまりにも妙だ。大人が今さら学習しても仕方がないからだ。

そもそも、学習とは何だろう。学習の本質は「まねび」、真似をすることだ。

たとえば、まだ字がろくに書けない子供が手本の字を真似して書く。これが学習だ。したがって、上手に真似ることをよしとする。

だから、子供や初心者が毛筆で字を真似て書くことを習字という。書道とは決していわない。書道とは、習うことから離れて、自分なりの字を書くことだ。

大人であっても依然と毛筆を習っている人がいる。それは習字である。それを習字ではなく書道と呼んでいることがあるが、大人の自尊心を傷つけないための配慮にすぎない。中身はまごうかたなく習字であり、月謝を払って時間をつぶしながら新しい知己を増やすのが主旨の趣味なのである。

本書で扱う独学は、人生に意味を失いつつある人の暇を埋める趣味のお勉強ではない。教師や講師の通りに真似をしてよしとする低レベルの学習でもない。

学習は年端もいかない子供がするもの、何も知らない者がとりかかる最初の数歩のことだ。そこをすでに越えている大人がするものが独学である。つまり、LEARN（ラーン）ではなく、STUDY（スタディ）だということだ。

スタディは究めるという意味だが、日本語ではこういう言い方をしない。研究とすると、意味合いが少し異なるニュアンスがあるため、本書ではやはり聞き慣れた表現「学習する」や「勉強する」を使うことになる。けれども、その意味に込められているのはもちろん、「まねび」ではなく、スタディである。

自分で勉強しなければ何も身につかない

ところで、独学というこの字面はいかにも孤独な感じがする。独りで黙々と陰気に机に向かっている印象すら受ける。けれども、独学の独とは孤独という意味ではなく、特定の師を持たないということだ。

特定の師を持たない。しかし、多くの師を持つ。しかも、そのへんの中途半端な教師を師とするのではなく、本物の最高レベルの師を持つのが独学である。具体的にいうと、最高レベルの書物を師とするわけである。

しかし、外国語の習得などは独学では無理だろうと懸念する人もいるだろう。たとえば語学学校に行って講師に教わる必要が出てくるはずだ、というわけだ。その場合でもしかし、自己努力という意味での独学がなければ外国語は習得されない。

語学学校に行ってみればすぐにわかる。二百人が同時期に入学して、最後の課程までついてこられるのは数人あればいいほうである。九五％以上の生徒が中途で早々と挫折し、最後まで習得できるのはほんの数人だけである。

なぜならば、語学学校に行こうが大学に通おうが、自分で勉強しなければ、つまるところ何も身につかないからだ。つまり、自分で独学するという裏打ちがなければ標準の課程さえこなせないのである。その独学ができない人があまりにも多いから、語学学校は生徒の出入りが激しくなり、その分だけたんまり儲かるというわけである。

だから本書は、自分で勉強しようにもどこか不安でおぼつかない感じを持っている人に勇気と指針とコツを与えることを目的とする。

大学でも独学が必要だ

私事になるが、わたしは学校での勉強が苦手だった。テストのための勉強もほとんどしなかった、というか、満足にできなかった。指導要領にしたがって黒板の前で説明されていく事柄をそのまま覚えることなど無理だった。大学に入ってもほとんどの授業に興味がなく、欠席して玉撞きをするか、古い本を読むかだった。

しかし、本を読むということは大学の教授が研究で読んでいる本を読むことだから、彼らと同じレベルに立つことでもあった。すると、どうなるか。教授が授業でどこをはしょっているか、どこを曖昧に説明しているかやがてわかるようになるのである。

そして、常に成績のいい学生はテスト勉強をして優を取るのだが、私はテストのための勉強をせずに優を取ることができた。これは奇妙な感じだった。大学は私の外ではなく、私の内にあったわけだ。

試験に受かったのでドイツの大学に入ってみたものの、結局そこでもしなければならないことは独学だった。学年という制度がないので、古代ギリシア語・古代ラテン語・中世ドイツ語といった語学以外に必修科目はほとんどなく、今年入学した者も博士課程の者も授業は同じだった。何をどう研究するかは個々の学生の意志と興味によるのである。教授は授業という形でサンプルを示すだけである。要するに、独学の場だった。

よく口にされる「大学へ行ったって、社会では通用しないよ」という言い方はまちがっている。大学へ行っても独学していないから実社会で役に立たないのである。

「もっと勉強しておけばよかった」という後悔もまちがいだ。学校では、あらかじめ用意された答えに合わせた勉強（のようなもの）もできるし、独学もできる。

学校でしか勉強できないという思い込みが、こういう考え方の背景にある。勉強したいのなら、たった今から独学すればいいだけである。実験や機器を必要とする理科系以外の勉強なら、ほぼすべて自分でできる。障碍《しょうがい》は何もない。

ちなみに、十九世紀の哲学者ニーチェは『人間的、あまりに人間的』の断章二五六にこんなことを書いている。

「知ではなく能が学問で鍛えられる。——一つの厳密な学問をしばらくの間厳密にやってきたことの価値は、格別その成果に基づくというわけではない、なぜならこういう成果は、知るにあたいする事柄の大海に比して、消え去るほど小さい一滴にすぎぬだろうからである。しかしそれはエネルギー・推理力・持久力の強靭さなどを増大させる……」（池尾健一訳）

わたしはここの部分を『超訳ニーチェの言葉Ⅱ』で次のように訳し変えた。こちらのほうが文意が明確となり、ニーチェの強調点が明確になっているだろうので引いておく。

「……勉強がもたらすものは実は別のところにある。勉強によって能力が鍛えられるのだ。

丹念に調査をする力、推理や推論の力、持久力や根気、多面的に見る力、仮説を立ててみる力などだ。身についたこれらの能力は異なる分野でも大いに通用するものとなる」

読者はすでにおわかりだろうが、勉強によって得られる知識の効力よりも、勉強をすることで身につく能力のほうがあとあとになって広く応用がきくということだ。

もっと辛辣に言い換えれば、テストの点数が高くても本人の能力の高さを証明しているわけではないということだ。テストでいい点数がとれなくても、本人は人生においていくらでも融通が利くもっと大事なことを自分に体得させているかもしれないのだ。

そのためにも独学は有効な手段なのである。

独学には教科書も決まった答えもない

独学することを阻むものは何もないのだが、自分の中に最初から障碍を持っている場合がある。その典型的なものは、勉強を効率的に導く教科書のようなものがどこかにあるはずだという思い込みである。

「きちんと基礎から勉強したい。だから何か教科書のようなものがあればいいのだが」と自然に思ってしまうようなら、学校で強制されてきた方法に慣れきっているのだろう。

まず基礎を固め、それからだんだんと難しいほうへという方向性が必要なのは数学と楽器演奏だけである。他の事柄には実は基礎も中級も上級もない。

入門というタイトルがついた書物を探してきて教科書代わりにする人もいる。しかし、入門書が初心者向きでわかりやすいという保証などない。たとえば、哲学入門と題された本を幾冊も読んだところで哲学がわかるようにはならない。それよりも、哲学書そのものを読んだほうがずっと手っ取り早い。

教科書は基本的なものだと誤解している人が多いのではないだろうか。一度、実際の歴史の教科書でも開いてみればいい。多くの事項を文でかろうじて結んでいるにすぎないことに気づくだろう。学習すべき事柄を限られた紙幅に詰め込むためにそういう書き方になってしまうのは仕方がないのだろうが、やはり一般の書物とはいいがたいものだろう。教科書は説明不足の事典のようなものだ。

だから、学校でのテストはクイズ形式になっている。教科書という事典に載っている正解を当てればいいのだ。正しい答えというものがあってあたりまえとされている。そういう形式に生徒が慣れてしまうと、大人になっても、この世には正解と誤りがあるという思い込みのままで世界を観ることになる。

独自に新しく考えることが最終目的

たとえば、このような問題が学校のテストに出される。

「日本に仏教が伝来したのは、（　　　）年である。この空欄を埋めなさい」

わたしは仏教に関する本をいくつか書いたが、この空欄を埋めることはできない。なぜならば、仏教伝来が実際に何年だか知らないのである。いくつもの説がある。どれもまだ確認できていない。だから、仏教伝来を何年と記すことができない。

しかし、学校の勉強ができた人はこの空欄に五五二年と簡単に記すことができるのである。彼はその年を仏教伝来として暗記しているし、本人もその年に本当に仏教が伝来したと信じ込んでいるからだ。

そしてまた、そういう人は仏教の伝来とは具体的にどういう事態を意味しているのかということさえも考えない。中国から僧が仏具を持って日本に上陸した年なのか、日本の支配者が仏教を取り入れると決めた年なのか、それともまた別の意味で仏教伝来というのか、といった疑念を持たないのである。

彼はただ、仏教伝来は五五二年であり、それにまちがいはないとしているだけである。要するに教わったままで絶対正しいと疑念なく信じ込んでいるのであるが、こういう人こそ、答え合わせでしかないテストに受かるのも事実である。

しかし、勉強とはそういうものだと思い込んでいる人のほうが多いのかもしれない。というのも、さまざまな分野における生涯教育や習い事をテキスト化して販売している会社が繁盛しているからである。みんな、教科書や決まった答えを欲しがっているのだ。

しかし、事典的な事項を覚えるだけでそれ以上に何の発展もないような単純な作業は本当の勉強ではない。それはもうパソコンなどの機器が代替できるものだ。人間の頭脳はパソコンよりも優秀だ。

なぜならば、人間の頭は独自に新しく考え、これまでになかった見解や推論を生み出すことができるからだ。独学の最終目的はそこにある。

本書では、独学の基本的な方法を紹介する。それは書物の読み方であり、問題の持ち方であり、考え方であり、教養を身につける方法である。

これらの方法を一度ためしてみてほしい。勉強の本当の楽しさがわかる。また、自分の能力の果てしなさもわかる。

冗談としてでもとにかく取り組むならば、この独学によって新しい自分を必ず発見できるだろう。

「いつから」で始める

「いつから始まったのか」という疑問を持て

たった一つの小さな疑問を追究していくと巨大な知識の大河に出会うものだ。たいそうな疑問でなくてかまわない。単純に、「それはいつから始まったのか」という疑問でいいのだ。たとえば、音楽はいつから始まったのか、という疑問だ。音楽の基礎となっているのは音律だ。この音律はいつからあるのか。

その疑問を追究していくと、ピタゴラスにつきあたる。ピタゴラスは紀元前六世紀頃のギリシアの哲人だ。

哲学者であるピタゴラスがどうして音律を発明したのか。そこで、ピタゴラスがどういうことをしていたのか調べていくと、現代でいう数学者でもあったことがわかる。そういえば、三角形のピタゴラスの定理というものがあることを思い出す。

もっと調べると、ピタゴラスがたんなる数学者ではなく、天文学も手がけ、この世界も宇宙もすべて数字でできていると考えていたことがわかる。

そういう極端な考え方は宗教の匂いがする。確かに、ピタゴラスは宗教教団をつくっていたのだ。彼は数学こそすべての原理だとし、生まれ変わりを信じ、豆を食べてはいけないといった禁則のある奇妙な生活規範を立て、彼の集団はピタゴラス教団と呼ばれていたのだった。

音律はいつから始まったのか、という疑問を追っていくだけで以上のことがすべてつながりをもってわかってくるのである。こういう知識は自然と自分の積極的な好奇心に答えていく形になるので、学校で強いられる知識と異なって、意識しなくてもたった一回ですべて覚えられるものである。

疑問の芽は日常にいくらでも転がっている。わたしたちがそれを疑問形にして問わないから、背後に隠された大河のような知識が見えてこないだけである。

簿記の起源

会社員ならば、あるいは株投資をやっている人は財務諸表というものを知っているだろう。財務諸表の原形は簿記だ。けれども、この簿記がいつからあるのだろうかという疑問を持たないのだ。

簿記を発明したのが誰かは判然としていない。おそらく十四世紀頃のイタリア商人が発明したのだろうと推測されているだけだ。一方、複式簿記について詳述した人はわかっている。イタリアの数学者で修道僧のパチオリである。彼が数学書の中で複式簿記の方法について体系的に述べているからだ。

簿記が発明されたということは、それだけお金の出入りが激しかったことを裏づけている。調べると、十四世紀の西欧ではかなり活発な経済活動が行なわれていた。そこで次の疑問が出てくる。どうして経済活動が活発になったのか。

まだ工業化社会にはなっていない。当時は交易が盛んだった。胡椒、染料、宝石など他国の産物を安く買って運搬してきては自国で高く売ったのである。

しかし、現代のわたしたちが安易に想像するような商業社会ではなかった。一般庶民は金銭なるものをほとんど使わない、自給自足と物々交換でまかなう質素な生活を送っていた。庶民は朴訥で野蛮で、領主と教会に縛られていた。その一方、高位聖職者、王侯貴族、商人たちが商行為にいそしんでいた。

社会が豊かな上層と貧しい下層にくっきりと分かれていて、下層は上層のしていることを知らなかったのだ。教会は貸金の利息を取るのは聖書の神の意思にしたがうことだと庶民たちに諭す一方で、商人や王侯貴族らとともに商業活動に関わっていた。

ユダヤ人差別の始まり

聖職者や為政者らはユダヤ人の職業を貸金業などに厳しく制限し、ユダヤ人が貸金業をすることを卑しいことだと公言しながらも、ユダヤ人貸金業者から資本を借りて交易業者の活動に投資していたのである。

他国との交易が盛んになった大きな原因として十字軍があった。聖地イェルサレムをイスラム教徒の手から奪還しようという名目での戦争である。この十字軍に商人たちがついていったために交易が盛んになったのだった。

十字軍は聖地奪還を主目的としたはずなのに、これに参加した多くの者の動機は別のところにあった。彼らは領主に縛られ貧乏生活に甘んじるしかない望みなき故郷の土地を捨て、新しい場所で新しい生活を始めようとしたのだった。

また、十字軍に参加すればこれまでのいっさいの負債を帳消しにしてもらえるという特典もあったのだった。つまり、イスラム教徒の土地と財物を略奪してそこに住むのが主目的であった。そして、この長期の旅行にかかる経費を得るために、まずはユダヤ人を殺して財物を奪ってから東方へと向かったのである。

ユダヤ人、商人、貸金という当時の材料を扱っている中世の物語といえば、有名なシェイクスピアの戯曲『ヴェニスの商人』である。タイトルとなっているヴェニスの商人とはユダヤ人貸金業者シャイロックのことではなく、イタリア人商人アントーニオのことだ。このアントーニオは交易をになう商船に投資して儲けている男である。

シェイクスピアは本物のユダヤ人を見たことがなかった

この劇の中でアントーニオは執拗にユダヤ人シャイロックを公認の取引所で「人殺しの犬」「悪魔」「ユダヤの犬」「異端者」とののしっている。そして、アントーニオは自分は金を人に貸しても利息など取ったこともないと強調している。利息で儲けるのは悪だという価値観で貫かれた劇なのである。

さらには、ユダヤ人そのものが正しくない者という差別があり、一方でキリスト教賛歌が流れている。しかし、このキリスト教というのはあくまでも白人のキリスト教であり、色の白くない人間は生理的に気持ちが悪いというヒロインまでもが出てくる劇である。要するに偏向した物語なのだ。

ところで、この戯曲がイギリスで初演された一五九八年にイギリスにはユダヤ人はいなかった。ユダヤ人は一人残らず三百年前の一二九〇年に国外追放されているからだ。シェイクスピアは本物のユダヤ人を見たことがなく、ユダヤ人に対する偏見と差別の伝聞だけでこの戯曲を書いたのである。

それなのにどうして人々に人気が出て喝采を浴びたかというと、一五九四年からの未曾有の不況のせいなのである。庶民がお金に苦しんでいた時代に、利息という不労所得で稼いでいるユダヤ人がこらしめられる戯曲で溜飲を下げたわけだった。

こういうふうに、簿記ひとつを調べるだけで次々と知識の海が開けてくるのだ。

途中からお金という物自体について興味が出てくれば、それを調べればいい。すると、お金は古代から中世の初め頃までは重さだけで価値がはかられたことや、主に神殿への献納や税金のために使われ、庶民の売買では使われなかったということもわかるだろう。さらに東洋に目を転じれば、ある種の硬貨の穴はもともとは中国の剣の柄の端の穴から来ていることをも発見するだろう。

こういった知識は一見して雑学のようかもしれないが、現代のわたしたちへとつながっている人間の歴史の知識である。しかも、学校で習う項目だらけの断片的な知識とは異なり、すべてつながっているから興味深く学べるのである。それが、「これはいったいいつから始まったのか」という素朴な疑問ひとつから始まるのである。

疑問から知識が始まる

疑問がなければ知ることはできない

わたしは精神的に子供の部分を多く残している。どういう子供の部分かというと、さまざまなことについて多くの疑問を持っているということだ。

子供の頃、大人にいろいろなことを尋ねた。すると、答えてもらえることは少なく、だいたいは「よけいなことを訊くな」とか「知らなくてもいい」と言われた。

今になって、わたしはそのときの大人の気持ちがわかる。彼ら自身、実は半知半解だったのである。よく知らぬまま他人と同じようにしていただけである。子供のときは大人のそういう事情は知らなかったが、やがて大人に訊くだけ無駄だと思うようになった。そして、本を読んだほうが手っ取り早いと思うようになったのである。

誰にしろ、疑問がなければ知ることはできない。尋ねたり探したりしなければ、本当のことはわからない。もちろん人真似だけで人生はやり過ごせはするのだが。

大人とは人生の経験を積み、物事を深く知った者だと子供は思っている。しかし、やがてわかってくる。ふつうの大人とは、ただ年をとった人間にすぎない。それはカッコ悪いと思うから、わたしはいまだに自分の疑問を追究しているわけだ。

ふつうに本を読んでいるだけでも、疑問はたくさん出てくるものだ。たとえば仏教の本を読んでいると、「仏教には二つの道がある。一つは大乗仏教、もう一つは小乗仏教である。大乗とは、みんなが乗れる大きな乗り物のことであり、多くの人を救うという意味がある。小乗は小さな乗り物で、自分しか救うことができない。日本に伝わったのは大乗仏教である。小乗仏教は東南アジアに広まった」といったことが平然と書かれている。

ここには明らかに優劣が示されているわけだ。多くの人を救う大乗のほうがすぐれているという主張がはっきりとなされている。

すると、そこからたくさんの素直な疑問が出てくる。なぜ、すぐれた大乗仏教ではなく、小乗仏教が東南アジアに広まったのだろうか。東南アジアの仏教僧侶は小さな乗り物の仏教だと呼ばれることはいやではないのか。そもそも、どうして二種類の仏教が生まれたのか、等々。

生きた知識は頭に残る

こういった疑問を解くためには、また別の本を読まなければならない。いちいち本を読んで答えを探していくというのは時間がかかるように思えるかもしれない。しかし、目が悪くなるのを我慢してインターネットで調べるほうが数倍の時間を費やすものだ。

結果、小乗とは蔑称であり、大乗側からの一方的な呼び名だとわかってくる。東南アジアの仏教は正しくは上座部仏教と呼ぶのだともわかってくる。すなわち、大乗はすぐれているとしたさっきの本の著者はかたよった見解を述べているわけだ。

また、仏教が二分した契機は金銭による布施だったともわかる。古代仏教僧侶への布施は残飯がふつうだったのに、ゴータマ・シッダールタ（ブッダ）の死後三百年ほどたって貨幣経済が一般的になってくると金銭の布施をする人々が出てきて、これを受け取るべきかどうかで僧侶らが二分したのである。

最初の疑問に対するこういったことがわかってくるばかりではない。今まで知らなかったことも副次的に掘り出されてくる。たとえば、サンスクリット語とは庶民の言語（パーリ語）ではなく支配階級の言語だということである。

大乗経典はサンスクリット語で書かれている。これは庶民ではなく、支配階級や上層階級へと布教する意図があったからである。すると、このことから、仏教はゴータマ・シッダールタの目指したのとは真逆の方向に進んだのではないだろうか、という疑問が起きてくる。

そして本をちょっと調べてみると、仏教は確かに上層階級から庶民へと伝播するという傾向が見られる。中国においてもそうだったし、日本でもまずは朝廷によって仏教が取り入れられた。

そこで、なるほどと合点がいくことに思いあたる。寺の参堂に向かう石段の幅の広さである。あの幅は歩きづらい。では、何のために石段の幅があれほど広くとってあるのか。

馬のためである。つまり、馬で寺に来る上層階級の者のためであり、庶民の歩幅を考慮した石段の幅ではないのである。

こういうふうに、ちょっとした疑問がたくさんの知を呼び、そこからまた新しい疑問が湧いてきて、次々と追っているうちに知識が倍加し、世界や歴史が今までの思い込みとは異なった新しい面を見せてくれるというわけである。

こういう知識は、学校で習う羅列された事項の暗記とはまったくちがって自分からの積極的な興味によって引き出されてきたものであるから、ノートなど取らなくても一発で頭脳に記憶されるという特徴を持っている。

生きた知識とは、まさにこのたぐいの知識のことである。学校で習ったことはほとんど忘れてしまったと嘆く必要はない。学校で習ったのは知識ではない。たんに事項である。自分が本当に疑問を持って興味深いと思った事柄でないから忘れるのは仕方がない。だから、本当の知識はこういう独学によって初めて得られるのである。そういう知識は忘れようがない。脳に深く刻まれる。

書物だけではなく日々の生活の中からも疑問は出てくる

疑問は書物からばかりではなく、日々の生活の中からも出てくる。たとえば、テレビを観ていると、経済ニュースの中でしきりにコンプライアンスという英語が使われ始めたことに気づくだろう。これは法令遵守というほどの意味である。

法律を守って経営することはあたりまえであろう。それがなぜ新しい用語として使われているのかという疑問がここから出てくる。つまり、こういう用語が出てこなければならないほどに企業人たちの倫理が堕落しているということを意味しているわけである。そうしてあらためて経済ニュースを観てみると、なるほど法律を守らないことによって儲けようとしている企業が多くなっているのだとわかる。

皇室典範を改正しようかどうしようかというニュースからも疑問は出てくる。ニュースでは天皇が万世一系だと伝えている。そこに疑問を持つこともできるし、また、理解の参考程度に憲法をちょっと覗いてみると、そこには「(天皇の地位は) 主権の存する日本国民の総意に基づく」と記されているが、ここに疑問の芽を発見することもできる。いったい、「国民の総意」とは何だろうか、という素直な疑問である。

国民の総意というならば、それはどうやって確かめられたのだろうかということだ。天皇の地位について同意するかということについて、国民投票は行なわれていない。では、なぜ国民の総意に基づくと断言できるのか。それとも、憲法のこの部分は断言ではなく、願望なのか。皇室典範改正よりも、こちらのほうが重要ではないか、といったような疑問である。

つまり、何もかも漫然と眺め、世にあるものいっさいをあたりまえだと受け止めている限り、疑問は出てこない。子供のように、あらゆるものに「なぜ」という疑いを持たないと知識は得られないのである。

しかし、世の中にいる多くの大人はこの新鮮な精神を失っている。「世の中とはこういうものだ」という一種のあきらめと怠惰の中にどっぷりとつかり、わずかに残った自己顕示欲を句作などでわずかに満たし、常習飲酒とくだらない趣味で時間をつぶしている。

そんな大人になんかなりたくないという子供の気持ちのほうがまともなのである。この世界はだらしのない大人が欲で濁った眼で見ているものとは異なる。本当の世界は意味がさらに深く、神秘に満ちているのだ。

そのことを発見していくのは、子供と同じ「なぜ」と問いかけていく姿勢が生む知識なのである。

情報と知識は違う

情報は刻々と変化する

情報とは何か。情報とは、そのつどの状況の一端を伝えているものである。だから、交通知識といわず、交通情報という。

この情報は刻々と変化していくものだから、一つの情報を基礎にして何かが広がっていくということはない。情報は常に揺れつつ変化していて、いつか必ず有効ではなくなっていく。さっきの株式情報は今はもう有効ではない。

インターネット上にあるもののほとんどは情報である。新聞や雑誌やチラシに載っているものもほとんどが情報である。どれもこれも一過性のものであるばかりでなく、根拠、取材源、内容の真偽すらも判然としていない。

しかし、クルマを運転する者にとって交通情報が必要であるように、毎日を安全で便利に生きていくためには現在の情報がとりあえず必要となる。気象情報によって衣服が変わるし、商品の売れ行きや人の流れも変わる。

知識は古くならない

一方、知識というものがそういう生活の基盤を支えている。数学の知識があるから正しい計算ができて正常な経済行為が成り立つのだし、化学の知識があるから植木鉢に小便をかけて枯らしたりしないのである。

また、知識は応用範囲が広いという特徴がある。情報が一過性で狭く不安定である一方で、知識は常に有効であり応用範囲が広く、古くならないという特徴がある。

それを如実に示すものとしてラテン語の知識がある。ラテン語は古代に生まれた言語であり、現代世界ではもっぱらカトリック神父たちが共通語として使っているだけである。

そんな古色蒼然とした言語が、知識として常に有効であり応用範囲が広いというのは信じられないかもしれない。しかし、現代世界に通用している主流言語がラテン語を基盤にしているのである。

だから、英語やフランス語やドイツ語がわからなくても、ラテン語の知識があるだけでそういった外国語の意味がだいたいは理解できるということになる。カトリックの宣教師たちが外国語をすぐに覚えるのはラテン語を知っているからなのだ。

わたしたちにしてもラテン語をちょっと知っているだけで、周りに溢れている横文字の意味もだいたいわかることになる。

たとえば、クルマの名前にはラテン語が多く使われている。スウェーデンが生んだ名車とされるボルボは「回転する」という意味だし、日本の大衆車カローラは「小さな冠」、高級車のグロリアは「栄光」、フォルクスワーゲンのポロは「北極星」という意味だ。

ふだんによく聞く言葉にもラテン語は意外に多い。カリスマは「神の恩寵」、コートブランドのアクアスキュータムは「防水具」、女性雑誌のヴォーチェは「声」、拳銃のマグナムは「大きい」を意味している。

外国の上級学校では、母国語の他にラテン語とギリシア語を学ぶ。この二つの古い基本言語を知っているだけで、多くの事柄がより早く理解できるようになるからだ。日本の学校のように現代英語を学んでいるだけではまったく応用がきかない。

解剖学者の養老孟司氏は「学者はオタクのようなものだ」と述べているが、わたしはそれは言いすぎだと思う。なぜならば、いわゆるオタクは嗜好物に限定した情報収集にふけっているだけだからだ。彼らは知識によって世界を広く理解しようとしていない。

知識ならば、それは誰にも価値と意味を持つものである。情報は狭い範囲において関わりを持つ人にしか価値も意味もないものなのだ。だからオタクは知識人ではないのだ。

それだからといって、「重要なのは情報ではなく知識なのだから、知識のみで充分だ」と言いきることはできない。なぜならば、多くの正確な情報から知識が生まれたりもするからだ。

独学はいつでもどこでもできる

技術より熱中

本を読むために通勤時間を利用する。勉強するためにまず快適な書斎を造る。文房具はこれこれが便利だ。机は広く、整理されているほうがいい。書棚はスライド式が便利だ。集中するためのクラシック音楽はこれこれである。勉強は朝に限る。睡眠は深く、短くすませる……。

まじめにそのようなことを勧めている人がいるし、そういう技術的なことばかりを説いている本も数多くある。

しかし、本当に独学をしている人はどうしているのか。睡眠を削って読書のための時間を捻出するとか、書斎をどうするとかにまったく頓着することなく、ただひたすら本を読み、考え、知の世界を広げているだけである。

つまり、本を読む時間をどうするかなどといったことを考えずにすでに本を読み、あたりかまわずどういう場所でも自分の書斎としているのである。

わたしもそうだ。街宣車や暴走族の音が聞こえない場所ならば、どこでも勉強できる。読書や考えごとに熱中していると、周囲の物音が聞こえなくなるし、自分が今どこにいるのかまったくわからなくなるほどだ。

本を読んでいると、電車を乗り越すことはしょっちゅうある。新神戸で新幹線を降り忘れそうになったことさえある。食事の時間などは簡単に忘れてしまう。

そして、今ここで必要だと思えば、帰れば部屋にある本でも今買って内容を確認する。そうして同じ本を四度買ったことがある。無駄遣いであろうが、せいぜいカクテル二杯分の額だ。ドライマティーニを二杯も飲めば頭は理性的に働かなくなる。その無駄のほうが惜しい。

通勤時間に本を読むというのは確かに一つの手であろうが、雑誌やチラシやインターネットサイトを覗く悪習慣を捨てれば、もっと時間がつくれるはずだ。もっとも無駄な時間と脳細胞の潰し方は常習飲酒である。常習的に飲酒する人間が独学どころか、まともなことをやれるはずがない。これはヨーロッパでは昔から常識とされている。

本を買う金を惜しむな

家のローンなどを支払うために節約しなければならない状況にある人は独学にはまったく不向きだろう。本を買うのを渋るからだ。図書館から借りた本ですむわけがない。借りた本で得た知識はその本を返却したときに消える。ウソのような本当の話だ。

読みたい本、読んでおくべき本を買うのをためらわせるほど節約しなければならないくらいのローンを抱えるというのは、もはや精神が危ないとわたしは思う。それは人間的な生活を犯すことだからだ。それは抱えるべきローンの額ではないのである。ローン支払いのために自分の人間生活を壊すというのはどう見ても狂気であろう。

贅沢や豊饒から文化は生まれるが、吝嗇から文化は生まれない。貧しいあのバングラデシュからどういう文化が生まれたか。何もない。しかし、タゴールという詩人がいた。彼はバングラデシュの自然の美を謳いあげた。なぜ、タゴールにはそれができたか。彼自身、豊かな生活をしていたからである。

アラブ人たちからめざましい文化が生まれたろうか。すぐに思い出せるものはほとんどない。『アラビアンナイト』もしくは『千夜一夜物語』という題名で知られる物語があるではないかと言う人もいるだろう。しかしあれはアラビア風のエキゾチックな意匠をまとわせた周辺諸国の文化から生まれた物語であって、純粋にアラビアの地から生まれたものではない。

しかし、度を越した贅沢や豊饒からのみ文化が生まれるわけではない。衣食住が満たされたうえでの自由な環境において文化は生まれるのである。歴史を振り返ってみると、結局のところ文化をもっとも多く生んだのは中流階級なのである。

確かに書斎は豊かな文化の一つの象徴だろうが、採光や湿度まで考慮された完璧な書斎は独学者から専門家になったプロフェッショナルが仕事の能率のために必要とするものである。一般の独学者の書斎は体によけいな負荷をかけない椅子一つでたりるだろう。読書用の椅子である。中流階級でも買える物である。

独学の障碍は感情の乱れや不健康

もちろん、このような物そのものが独学の質を左右するわけではない。ひたすら集中していく姿勢だけが独学を可能にする。

そのために特別な時間を設けておく必要はまったくない。本を読み、傍線を引き、考え、考えを広げるためにまた別の本を読む。一時間読む場合もあるだろうし、用の間に五分ずつ読む場合もある。それが独学なのだ。

学者にしても、朝から晩までみっちり研究しているわけではない。授業で教えたり、会議に出たり、人の相談に乗ったり、それらの所用の間に勉強や研究をするのである。あのアルバート・アインシュタインにしてもふだんは特許局に勤めていた。設備と時間の豊富な中で研究していたわけではないのだ。

だから、とりわけ朝の時間にこだわったりするのはあまりにも偏執的であろう。人それぞれの生活サイクルや事情があるのだから、その中で自分なりに勉強すればいいにすぎない。

その際に実際に障碍となるのは、時間の少なさではなく、感情の乱れや不健康である。怒りや忿懣を持っていては本を読んで理解することなどとうていできないのは当然だろう。なぜなら、本を読むとは異質な人間の考えをとりあえず受け入れて理解することだからだ。そういう許容の心がないから怒ったり忿懣を抱えたりするのである。

自分の感情をコントロールするのは大人が身につけるべきことの一つである。怒りっぽい性格というものはあるが、その性格は変えることができる。本をたくさん読むことによって変えられるのだ。

特別な書物がその性格を劇的に変えるのではない。本を読んで理解するという行為をくり返すことで変えられるのである。

なぜならば、先にも述べたように本を読むということは異質のものをとりあえず今は理解するという行為だからだ。これには忍耐を要する。異質なものを受容しなければならない。それが感情抑制を育て、心を変えるのである。

いわゆるすぐにカッとする人やまともな生き方をしていない人を見てみればわかる。彼らは本を読まない。暴力団や非行少年は本を読まず、また読むことができないために、感情を抑制できずに問題を起こしているのである。

だからといって、書物として売られているものすべてがいいとは限らない。自分の考え方に合うような本ばかりを読んでいては何も変わりはしない。そうではなく、今まで手にしたことがない、少し難しそうな本を読んだほうがいい。

難しい本は、理解に時間がかかる。理解して読むのにも多くの忍耐が必要になる。内容は世間の価値観とは異なる。だからこそ、自分を変えるのに役立つのである。

少しずつでもいいから難しそうな本をいくつも読んでいるうちに、半年前の自分とはちがっているのに気づくだろう。それは他人の眼にもはっきりわかる変化である。そうなったとき、すでに独学が習慣になっているのである。

独学の人カント

カントは難解ではない

哲学書の中でもっとも哲学書らしいものといえば、カントの『純粋理性批判』だろう。この書は難解だと言われている。しかし、実際には難解ではない。ふだんからの思い込みこそ事実だと信じている人にとってだけ難解に見えるだけである。

十八世紀のプロイセンに生きたカントはケーニヒスベルク大学で哲学教授職に就き、五十七歳のときに『純粋理性批判』という哲学書を著した。これは人間の認識の限界について述べた哲学だった。

カントといえば規則正しい毎日を送っていたというエピソードばかりが有名で堅物な学

者のような印象が広まっているが、そのイメージは誇張に飾られている。十九世紀の詩人ハインリッヒ・ハイネはカントについてこう書いた。

「彼はほとんど抽象的な独身生活を送っただけで、生涯も経歴もなかった。くそまじめで、疑い深く、その文章はひからびた包装紙のようなものだ」

ハイネがここまで悪口を言ったのはカントの哲学をまるで理解していなかったからだ。

実際のカントは堅物でも頑迷でもないし、大学で同じことを教えるだけのマンネリ学者でもなかった。だいたいにして、本物の哲学者は多くの事柄に関心を持ち、一般人よりも活発な生き方をしているものなのだ。

カントと一般人との違い

カントもそうだった。彼は身だしなみにも充分に気を使っていて、こう書いている。

「流行に乗っているアホのほうが、流行からはずれているアホよりマシである」

そんなカントは毎日の昼食に数時間を使い、さまざまな職業の人と談笑していた。哲学の話などしない。雑談や世間話に興じていたのである。

当時、スウェーデンのスウェーデンボリという男のことがケーニヒスベルクの人々の間でも多く話題に上っていた。スウェーデンボリは何度も天界に昇るといい、天界で見聞したということを本にしていたのだ。

スウェーデンボリは、たとえば死んだ胎児や乳幼児らが天界でどのような生活をしているかということなどを詳細に述べているのだ。この人が語るそういった神秘的な事柄を現代でも素直に信じる人々がいる。十八世紀には多くの人が信じていて、カントの周囲でも特に女性が関心を持っていた。

カントは、スウェーデンボリだけが天界の神秘世界を見ることができるということに疑いを抱いた。人間にはそういう能力があるのだろうかと考えたのだ。

わたしたち現代人もまた、カントと同じように一度は考えるものだ。けれども、わたしたちは安易に次のようにも考える。不思議な能力を持つ人がいるにちがいない。だから、彼らは霊能者と呼ばれていると、霊能者という言い方があるのだからそういう特殊な人々が存在しているのだ、というふうに言葉と事実を安易に結びつけてしまっているのだ。これはおかしな考え方だ。なぜなら、名称は実在を保証するものではないからだ。

カントはこの世に特別な人間がいるとは思わなかった。スウェーデンボリも人間ならば、自分たちと同じような人間としての能力しかないはずなのにと考えたのだ。だから、何が見えて何が見えないかという認識は同じはずである、と。

小さな疑問の追究が哲学になる

そういう視点から考えて書きあげたのが『純粋理性批判』である。題名に「批判」という表現が使われているが、これは人間理性の分析というほどの意味だ。その『純粋理性批判』の内容をごく簡単にすると、次のようなことだ。

人間は、時間、空間、数、大きさ、といったような概念をみずから持っていて、それにあてはまるものを認識している。つまり、物それ自体をありのままに見たり認識したりしているわけではない。だから、人間の認識を可能にしている理性・悟性・感性にはおのずと限界がある。

これは何を述べているかというと、人間には世界にあるいっさいのものを認識する能力はない、ということだ。先ほどのスウェーデンボリのことでいえば、人間の認識能力を越えているものを見るということはありえない、という答えになるのである。

だからといって、カントは神秘的な事柄など存在しえないとしたわけではない。カントは神の存在や神秘的な事柄があるということを充分に示唆もしたのである。ただ、それは人間の知性では把握しえないだろうと考えたのである。

このカントの例から、わたしたちはさまざまなことを学ぶことができる。

まず、哲学といっても何か抽象的で専門的な事柄を難しく考えることではなく、実際には生活の中で起きる小さな疑問を追究していくと結局は哲学になるということだ。また、その疑問は、霊能や超能力は本当にあるのだろうかといった素朴なものから始まってもかまわないということである。

カントはそれまでの哲学を大学の教壇で教えただけの職業教師ではなかった。専門外の人には意味がないような些細な事柄を偏執狂的にこつこつと研究したのでもない。カントは誰もが一度は疑問に思うことを徹底して考えてみたのだ。

要するに、先人の例のないことをしたのである。先例も手本もないのだから、彼は自分ひとりきりでそれを一から始めるしかなかった。独学である。彼はたまたま大学の教師ではあったが、その本来の面目において独学の人だったのである。

第2章
難解な本を読むコツ

ランダムに読む

難しい本にぶつかれ

やさしい本から徐々に積み上げて難しい本に進んでいく必要などない。最初から難しい本を読んでもいっこうにかまわない。

難しい本は理解しにくいから読んでも無駄だ、というのは、いかにも効率を考えているように見せかけた「逃げの論理」にすぎない。それが難しい本だからこそ、読む価値があるのだ。これまで難しいと見えていた点がようやくわかるようになるのは、新しい自分への脱皮ともなる。

そもそも、すべてが容易にわかる本など最初から読む意味などないだろう。だいたいにして本というものはそれぞれ、今までの自分とは異なる考え方、異なる知識、異なる視点などを含んでいるから、読むにあたいするわけだ。

だから、なにも難しい本を読みきらなくてもいい。どんな文章なのか、どの程度難しいのか、どういったふうに始まりどういったふうに終わっているのか、といったことを知るだけでもいいのだ。それだけでも充分に得られるものがある。

中途半端な読み方でいい

わたしは十六歳のとき、ヤスパースの『哲学の学校』を買って読んだ。それまでに小説しか読んだことのない田舎の少年が初めて手にした哲学書だった。かなり努力して読んだが、やはり理解できなかった。

だいぶあとになってから、ユダヤ人を妻にしたヤスパースの戦争体験が恐ろしく苛酷で、その際に信仰の深い揺らぎがあったこと、また、特殊な造語の意味に彼の思想が込められていて、その表現が複雑だから難しいのだとわかるようになった。

わたしが得たのはそれだけではない。生命を賭けて、全人類に向けて真剣に一冊の本を書く場合もあるのだと、わたしはヤスパース他の哲学者から学んだ。

二十歳のときにはマルクスの『共産党宣言』と『資本論』の一部を読んだ。どちらもとても感情的な文章であり、『共産党宣言』の内容は幼稚なものだった。わたしの周囲に多くいた自称マルキシストたちも似たようなもので、感情的で考えが浅かった。今になって思えば、彼らは革命という刺戟的な言葉に酔っていただけなのだろう。

わたしたちは学校で多くの有名な古典の題名を知る。その題名と簡単な説明だけで、勝手に内容を想像してしまっている。しかし、現実の本の内容は想像とはまったく異なるものだ。それを知るためにも手あたりしだいに多くの本を開いてみる価値がある。

雑多な本を、中途半端な読み方でいいから一度はめくってみるのだ。名著と呼ばれるものの中にもくだらないものがいくつもあるのに気づくだろう。本物のすごさに圧倒されることもあるだろう。

世界各地を旅行したから世界を知っていると思い込んではならない。世界の古今東西の本をめくってみれば、旅行を越えた体験、時空間を越えた体験ができるのである。

立体的に理解する

読書とは、頭の中の映像を観ること

小説など物語の本を読んでいるとき、人は文字の意味を理解しているのではなく、頭の中に生まれる動く映像をリアルに観ている。恋愛小説を読んで胸がきゅんとしたり、サスペンス小説を読んでどきどきするのはそのためである。

だから、そのような文芸作品においては、文章や論理の正確さではなく、描写のうまさや効果的な表現が重要となっている。

では、娯楽のための物語ではなく、説明や理解を主眼とする書物を読む場合は、映像を観ているのではなく、頭の論理脳だけが働いているのだろうか。

わたしはそうは思わない。経済学の本、哲学の本、仏教のような宗教書を読むときもまた、人は映像を観て理解しているのだと思う。それは物語の映像とは少し異なって、やや抽象性の濃い映像ではあるが。

読書における理解について説明するために例を挙げよう。

ユダヤ人は中世において厳しい迫害を受けていたと一般に考えられていますが、それほど単純にいいきることはできません。ニュルンベルクでもフランクフルトでも市民権をもっていたユダヤ人もいましたし、市参事会員と同格のユダヤ人もいたのです。たしかにユダヤ人迫害は一一世紀末からはじまっていますが、ユダヤ人全体がいわゆるゲットーにおしこめられ、苦難の道を歩むようになるのはむしろ近世に入ってからなのです。

阿部謹也『中世の窓から』

そもそも、日本列島では、いつごろから戦争があったのか。縄文時代の人骨には、武器で傷つけられた傷痕がしばしば見られ、縄文晩期には戦争があった可能性を考える

 こともできるが、佐原真が「現状では、縄文時代に戦争があったとみるには充分ではない」と述べているのが、現在の通説的な見解であろう。大規模な環濠集落や武器、さらには明らかに意図的に殺害された人骨などの組み合わせにより、戦争の痕跡がはっきり現れはじめるのは、弥生時代のことであるようだ。　佐伯真一『戦場の精神史』

ルネサンス運動は、キリスト教の公認（三一三）、その国教承認（三八〇）以来約一〇〇〇年近く続いたローマ帝国とカトリック教会との聖俗連合協力体制下に内包・蓄積されてきた数々の諸矛盾に反発した運動であった。それは、古代ギリシアや初期ローマの政治・社会思想を再生させて、個人の自由や各国における世俗権力の自立性を確保しようとする新しい人文主義的「のろし」をまずイタリアの地において、打ち上げた。

田中浩『ヨーロッパ　知の巨人たち』

これらの文章は難解なものではない。読みにくい漢字も含まれていない。内容に屈折もない。だからといって誰にも理解されているとは限らない。

なぜならば、文章の中に用語や地名が当然ながら事前に理解されているものとして含まれているのに、読者側はそれらを知らないからである。

辞書、事典、地図を備える

今の例文でいえば、たぶん多くの読者は次のようなことを知らないだろう。西洋中世として区分されている時代範囲。ニュルンベルクやフランクフルトなど都市の地理的位置。ユダヤ人やゲットーの意味。縄文時代と弥生時代の時代範囲。ローマ帝国や古代ギリシアの時代範囲。人文主義の意味。

これらのことを知るには、辞書や事典、地図が必要になる。つまり、読書するときには辞書、事典、地図が必須だということだ。それらなしで、さきほどのような文章を読んでも、実は何も理解されていないことになる。

理解されないものがおもしろいわけがない。だから、小説や物語に比べて、説明や理解を主眼とする書物は読んでもそれほどおもしろくないと思われているわけだ。自分が理解できないのに、本が悪いと責任転嫁されているのである。

テレビなどメディアのニュースがつまらないとされる場合も同じだ。報道される内容に含まれている基本の用語や術語、地名などが視聴者に理解されていないのだ。

理解されないと、述べられている事柄が想像できない、よって想像による映像が生まれないのだから、意味のないものとしてぼんやりと通過していくだけになる。

だから、報道されている事件が他人事のようにしか感じられなくなるわけだ。他人への無関心が要因なのではない、世界の事柄について自分が無知だからなのだ。

ニュースや読書ばかりではない。人の話を聞くときも、人は内容に含まれている基本の事柄を前もって知っていないと総じて何も理解できなくなるのは当然のことだ。

知らないならば、知るようにすればいい。つまり、辞書、事典、地図を面倒がらずに開くようにすればいいだけだ。現代には歴史地図というものがあり、これはその時代の地理や地名の他に重要事項の説明もあり、はなはだ便利である。

世界地図と日本地図は壁に貼っておけばいい。本やニュースに出てくる地名が正確にわからなかったら、そのつど見て確認するのだ。

たったこれだけのことで、書物もニュースも立体的に理解できるようになる。立体的に理解されるということは、書物で述べられている事柄が一種の体験として感じられるようになるということだ。

そうなったとき、説明や理解を主眼とする書物ですら、物語や小説のようにわくわくしながら読めるようになるのだ。

「眺め読み」で書物に勝つ

難解な本はまず眺める

値段の高い本や古典と呼ばれる本は装丁が立派だ。改行が少なく、細かい字が息苦しいほどに詰まっている。

翻訳本であっても、難しい漢字やカタカナがたくさんある。題名も堅いし、章題も堅苦しい。一目で難解そうだとわかる。おまけに、かなりの厚さがある。これを自分が読むなんて気が滅入りそうだ、とすら思う。

ふつうの人はそう思う。そして、わたしのように物書きでしのぎをしている者も同じように思うのである。だから、そういうときはまず「眺め読み」をすることにしている。

眺め読みとは、本をまともに読まずにしばらく眺めることである。

まず、面倒そうな本を買ってきたら、そのあたりに置いておく。机の上や本棚に鎮座させない。テーブルやソファの上にぽんと投げ出しておくのである。食卓の上に置いて、隣で麻婆豆腐やカレーを食べてもいい。

そういうふうにぞんざいに扱っていると、やがて部屋になじんでくるものだ。最初の違和感、居丈高な感じが薄れてくる。威厳が少し減ってくる。こういう場所に住むしかないかというあきらめが本から滲み出てくる。本が丸くなった感じである。

からかうように本を扱う

そうしたら、食後に足を投げ出した格好で、ちょっと開いてみる。空腹のときはよくない。満腹して気分的に余裕があるときに、コーヒー片手に触れるのである。

まじめに読んだりしない。からかうような感じで、ぺらぺらめくるだけにとどめる。きどっている女をからかう不良の雰囲気でちょうどよい。本を自分の正面に置かず、横に置いて片手で暇つぶしにあしらってやる程度にする。

目次を開きっぱなしにしておくのも効果的である。耳掃除をしながら、ちょっと横目で目次を眺める。エアコンの風で目次がめくれてもそのままにしておく。隣に醤油を置いてみたりする。

トイレから戻ってきてひっくり返してやってもいい。こわれない程度に邪険に扱う。すると、そのうちに本の威厳が半減する。そうしたら、ようやく目次をざっと眺める。つまらない模様を眺めるようにするのである。

そうこうするうちにこちらの恐怖もなくなるから、今度はソファに寝っ転がって頁をいたずらにめくる。数行を読み、また別の頁をめくってみる。こういうことをしていると、文章の息づかいがわかってくる。要するに文章の癖だ。それは向こうの出方を見破ったのと同じだ。

適当に読み始める

次には、最初の文章と最後の文章の感じが同じか、見比べてみる。最初だけ意気がっていて最後はちょっと疲れている場合もある。たとえば、西田幾太郎の『善の研究』がそれだ。また、最初はだらだらしていて、最後のほうが力強い場合もある。カントの『純粋理性批判』がそうである。

ここまですると、もはや本に最初の気位は失せてしまっている。そうなったとき、読みやすい箇所からたらたらと読み始めるのである。机の前でかしこまって読んだりしてはならない。いかにも横着に、ついでになといった感じで適当に読むのである。

こんなことを数日間にわたって気が向いたときにやっていると、いつのまにか半分読んでしまっているということになる。半分読めば、中身がだいたいわかるものだ。そこで、巻末の解説を遊びがてらに読む。本文のあとの半分はもう簡単である。

難解だとされている書物のほとんどはこの眺め読みでなんとか征服できるものだ。

わかりにくい本は悪い本かもしれない

こういう読み方をしてもなおわかりにくい本もある。その場合は、その本が悪いと考えてもいい。まともなことが書かれていないか、著者が錯乱しているかである。

いくら有名な本であっても、よくない本はある。たとえば、ニーチェのいくつかの論文はあまりよくない。しかし、奇妙なフィクションとして読むとおもしろい。論文ではなく、思想叙事詩として有名な『ツァラトゥストラ』は、読者が新約聖書をよく読んでいる場合だけ、その皮肉さとパロディを楽しめる。

全体としてニーチェの魅力は、まとまった論文ではなく、短い断章の中にある自由な発想と価値転換の思考法にある。

二十世紀最大の哲学者とほめる人のいるハイデッガーの著書は、わたしはかなり低く評価している。というのも、もったいぶっているだけでいつまでたっても核心に向かうことがないからだ。つまり、とりとめもない。思わせぶりだけで満ちている。『存在と時間』

も『形而上学入門』も、しっかりと読む必要がない内容である。

しかし、ベルジャーエフの本はじっくりと読む価値がある。ベルジャーエフは十九世紀後半にロシアで生まれた哲学者である。この人の本は現代日本では容易に手に入らなくなっているが、その思想は深い人間愛に満ちたもので、現代のわたしたちの浅薄な考え方を正し、金銭欲にまみれた現代を鋭く批判する力を持っている。

また、パスカルの『パンセ』やアランの本などはどこからでも読める体裁なので、雑誌を読む感覚で眼を通すことができるものだ。パスカルのあの有名な「人間は考える葦である」という文句の前後を知っているというだけでも価値はあるだろう。

エーリッヒ・フロムの著作はどれも重要であり、現代でも十分に通用するし、提起されたその問題が現代においてもまだ克服されていないことに気づかせてくれる。また、わたしたちの考え方の狭さ、みみっちさを痛感できる。

ヴィクトール・フランクルの著作群は今なお読まれているし、一般書店で手に入れやすい良書が多い。人間の普遍的な問題の根にあるものが何なのかはっきりと見せてくれるし、わたしたちに勇気も与えてくれるものだ。

こういった眺め読みによって、一冊を一週間で読み終えることもある。二ヵ月くらいかかることもある。時間をことさら気にすることはない。面倒そうな書物に眼を通したということがたいせつなのである。

もちろん、図書館から借りた本は眺め読みにはまったく適さない。傍線を引いたり、ときには頁の端を折ったりして本をぞんざいに扱うことで難しさを克服する方法だからだ。面倒そうな本は自分の金で買わなければならない。

しかし、高価であることにひるむ必要はない。高価な分、読んだという満足も大きい。また、面倒そうで高価な古典は古書店で安く売られているものだ。しばしば店内ではなく、店の外で均一本として売られている。具体的にいえば、「世界の名著」シリーズ（中央公論新社）がそれである。見つけたら、舌なめずりして買うべきである。

難しそうな本と遊ぶ

難しそうな本に臆病になるな

先ほど、難しそうな本は手荒に扱いながらからかうようにめくっていれば、いつのまにか読めるようになると書いた。要するに、相手が手強そうに見えても臆病になるな、びびるなということだ。

いったん臆病になると、読書ばかりでなく、何も満足にできなくなるものだ。そのいい例がスポーツだ。びびると、以前は苦もなくできていたことすらできなくなる。

わたしは十七歳までスキーができた。ところが、十八歳の冬、突然にして直滑降ができなくなった。傾斜がたった三十度の白銀の斜面の頂上に立ち、なぜか強い恐怖を覚えたのである。前年の冬までは怖さなど知らなかったのにだ。そして、それがあってから、わたしはスキーをしなくなった。

本を読むこととスポーツはおのずと異なるけれど、臆病であっては克服できないという点では同じだ。臆病ゆえに、多くの大人は手慣れたこと以外はしなくなっていく。大人が難しそうな本や古典を手にしないのは、臆病な気持ちがどこかにあるからだ。また、そんなものを今さら読んだとしてもとりたてて得になることはないだろうという勝手な功利の心が働くからでもある。

得しないならば、役立ちそうもないのならば、関わることは無意味だとする妙な価値観は残酷このうえないものだ。なぜならば、その価値観は結局のところ、この人間は役立つ役立たないという見方につながるからだ。

じつは解説書のほうが難しい

しかし、独学で自分を日々変えていこうという新鮮な気概があるならば、マンネリだらけのつまらない大人になりたくないと思うならば、損得勘定は捨てて、難しそうな本や今まで題名くらいしか知らなかった古典に自分の手でふれるべきであろう。

古典は難しいものではない。きっと難しいにちがいないと勝手に想像されているだけなのだ。字が詰まっていても内容が濃いわけではない。哲学書などはとりわけ難解で専門の学者にしかわからないと思われているらしいが、実際にはそんなことはない。予備知識がなくても、たいていの哲学書は読みさえすればわかるのだ。

むしろ、平易に説明すべき解説書やダイジェストのほうがうんと難しい。今ちょうど傍らにある解説書を実例にしてみよう。

これは『哲学の古典101物語』(新書館)というユニークな題名の本だ。定価が安いし、とても便利な一冊なのだが、それはすでに哲学を知っている人にとってのことだ。初心者にとってはしかし、かなり難しい本になっている。

たとえば、近代哲学の嚆矢となったルネ・デカルト(フランス人)の有名な著書『方法序説』(一六三七)についてだ。デカルトのこの著書が有名だというのは、誰もが一度は聞いたことのあるあの名文句「我思う、ゆえに我あり」が記されているからだ。

さて、この解説書はデカルト『方法序説』の全体についてまず説明している。その一部はこうだ。

『方法序説』の正式な表題は『理性を正しく導き、諸学問における真理を探求するための方法についての序説』であるが、もともと三つの科学的論文（「屈折光学」「気象学」「幾何学」）への序文として書かれたものである。全体は六部に分かれる。著者は冒頭で本書の構成について触れているが、それに沿って表題をつけると、次のようになろう。第一部：伝統的学問の批判／第二部：近代的学問の方法／第三部：暫定的道徳／第四部：形而上学／第五部：自然学／第六部：将来の学問の構想

どうだろう。二頁で簡略に説明するという紙幅のつごうもあるのだろうが、こんなふうに紹介されると、デカルトの『方法序説』という本はなにかとてつもなく分厚い専門的な難解な書物のような感じがしないだろうか。

実際の『方法序説』はどうか。中公文庫の翻訳本でわずか八十五頁たらずしかない薄っ

ぺらいものなのだ。

デカルトの文章にしてもちっとも堅苦しいものではない。たとえば、解説書が「近代的学問の方法」と題している第二部の始まりは次のような文章だ。

当時私はドイツにいた。そこでいまなお終わっていないあの戦争に心ひかれて私はそこに行っていたのである。そして皇帝の戴冠式を見たのち、軍隊に帰る途中、冬がはじまってある村にとどまることになったが、そこには私の気を散らすような話の相手もおらず、また幸いなことになんの心配も情念も私の心を悩ますことがなかったので、私は終日炉部屋にただひとりとじこもり、このうえなくくつろいで考えごとにふけったのであった。……

こんなふうに自分の状況から語っていて、いわゆる堅苦しい論文調ではないのだ。解説書の説明から受ける印象とだいぶ異なるということがわかるだろう。

あの有名なフレーズについては、解説書は次のように書いている。

第四部は形而上学である。ここで有名な「我思う、ゆえに我あり」という原理が見出される。この原理がある意味で近代哲学の出発点となった。

これでは、「我思う、ゆえに我あり」の意味がわからないばかりではなく、それが原理だという理由もわからない。これを哲学の原理と決めたのはデカルト自身である。他の学者の多くが賛同したわけではないのだ。

では、このフレーズの前後がオリジナルの『方法序説』ではどのように書かれているのか見てみよう。

……われわれの感覚がわれわれをときには欺くゆえに、私は、感覚がわれわれの心に描かせるようなものは何ものも存在しない、と想定しようとした。……私は、それまでに私の精神に入りきたったすべてのものは、私の夢の幻想と同様に、真ならぬものである、と仮想しようと決心した。しかしながら、そうするとただちに、私は気づいた、私がこのように、すべては偽である、と考えている間も、そう考えている私は、必然的に何ものかでなければならぬ、と。そして「私は考える、ゆえに私はある」Je pense, donc je suis. というこの真理は、懐疑論者のどのような法外な想定によってもゆり動かしえぬほど、堅固な確実なものであることを、私は認めたから、私はこの真理を、私の求めていた哲学の第一原理として、もはや安心して受け入れることができる、と判断した。

要するに、見えるものや存在についてその実在を疑うことはできるのだけれども、そのことについて考えているということの事実の実在については疑うことはできない、というわけなのだ。

こういうふうに、解説書を読むより、オリジナルそのものを読んだほうがはっきりとわかるのだ。

わたしは例に使った解説書の不首尾をあげつらっているのではない。そうではなく、哲学書などは難解だろうという想像が生む臆病さゆえに解説書やダイジェスト書を先に読むよりも、本物を手にしたほうが早いということを実例で示したかったのだ。

自分なりに考えてみる

そして、本物の古典に書かれてある事柄を自分なりにも考えてみるのだ。

「我思う、ゆえに我あり」でいえば、デカルトはこれが真理だと言っているわけだが、それが自分にとってはどうなのか、デカルトの考えそのままに賛成するのか、それともどこか奇妙な考えではないか、と自分なりに考えてみるのだ。

つまり、古典の本物と遊んでみるのである。

デカルトという名前にびびって、そこには何か浮き世離れした深遠なことが考究されているのだと思い込む必要なんかない。思いなおしてみれば、デカルトが考えようとしたことは、わたしたちの誰もが一度は考えようとしたことにすぎないのだ。

すなわち、ここに見えているものは本当に実在なのか。すべては感覚が生んだ夢のようなものではないのか。そして、自分とは何か。自分とは、この肉体なのか、それとも精神なのか、ということだ。

この問題は、独学しようともしなくとも、過去に一度は必ず、そして自分が自分の死を意識するようになった年齢が近づいて再び必ず考えなければならないことなのである。

デカルトの思考が不完全であったように、わたしたちもまた充分に考え尽くせないかもしれない。それでもなお、自分なりに考えてみるのだ。

考えたとしても、誰かからほめられるわけではない。ただ、自分の脳に新しい広がりを与えるためにも、自分なりに考えてみるのだ。

多くの本を読んで博学になるだけが独学ではない。本を読むだけなら、読書家にすぎない。インターネットの膨大なブログからもわかるように、そういう人はすでにたくさんいる。本を読んで考えるからこそ、独学となるのだ。

古典は一冊全部読まなくていい

だからといって、デカルトの『方法序説』をまるごと読みきらなければならないということはない。さきほどの数行を読んで考えるだけでもいいのだ。古典をいちいちしまいまで読んでいたら、多くの古典があるのだから、その半分も読まないうちに自分の人生が終わってしまうからだ。

昔の人はみな答えを出したわけではない。自分も答えを出せないかもしれない。ただ、人間としての問題を一度でもちゃんと考えてみることが、結局は自分を変えていくきっかけになるのである。

それを堅苦しく思わず、過去の巨人たちとの遊びだと思えばいい。有名なフレーズはその手がかりになるわけだ。

現代のわたしたちが気圧の単位で使っているヘクトパスカルの名称となったパスカルならば、あの有名なフレーズ「人間は考える葦である」を『パンセ』から探し出して、その前後を読み、本当はどういう意味だったのか自分なりに理解したり考えたりすればいいのである。他人の解釈を鵜呑みにする必要などないのだ。

ところで、ブッダの有名なフレーズの一つに「天上天下唯我独尊」というものがあるとされているが、ちょっと調べてみればわかるように、これは後代につくられたものだ。そういうふうに、現代まで伝わっている有名なフレーズのすべてが歴史上の巨人たちが本当に言ったとは限らない。

そのようなことを知るだけでも、古典はわたしたちにたいせつなものを教えてくれる素材となるのである。

傍線を引きながら読む

傍線を引く意味と効用

本を読みながら傍線を引く。このためにも、本は図書館などから借りたものではなく、自分で買ったものでなければならない。

しかし、なぜ本の文章に傍線を引くのか。その意味と効用はいくつかある。

- 重要点を浮き立たせる
- 独自の主張の要点を明確にする
- 疑問点や問題点にしるしをつける
- 視覚的に印象づけて、内容を記憶に残す本を読んでいっさいを記憶できるなら傍線を引く必要がない。しかし、それが不可能だから、必要な文章に傍線を引くのだ。

本に傍線を引くとはいうが、本当は自分の脳に傍線を引いているのである。傍線を引くことによって印象づけられ、記憶に残るわけだ。

傍線を引く技術

そのためにも、傍線は明瞭に引かれなければならない。HB程度の鉛筆であやふやに薄く引くのではなく、3B程度の鉛筆でしっかりと濃く引くほうがいい。

また、傍線は数種類に分けておけば、あとで読み返すときに便利になる。たとえば、次のような種類だ。

── 論の重要点、もしくは著者の主張

〰〰 疑わしいと思われる点、もしくは、あとで検証が必要な点これは傍線ではなく、数行にわたる長い文章の上側に引く線。たとえば、主張の例証となっている文章の上側に引いておく。このバリエーションとして、アーチ形に引くとか、カッコでくくるという方法もある。

もちろん、こういった傍線は意味を統一しておかなければ、読み返すときにかえってわかりづらくなる。

この他に、特殊な傍線を引く場合もある。これは、あとから本をめくるときにその傍線部分だけを読むことで、本の全体の流れを理解するためのダイジェストラインである。

このダイジェストラインは、論の流れが重要かつ特色となっている本にだけ引かれるべきだ。もちろん、重要性等を示す一般の傍線と混同されないように、青鉛筆などで引くことになる。

またこれらの他に、キーワードや、その著者独自の用語や術語を囲む方法もあるのだが、傍線を引くことで代用できる。こういった傍線は自分で工夫してさらに数種類に増やすこともできるが、結局は繁雑になるばかりであり、せいぜい先の三種類から四種類で間に合うものだ。

傍線最大のコツ

傍線を引くときの最大のコツは、

・読んでから引く

である。

つまり、傍線は読みながら引くとはいうものの、実際には小論がまとまっている数頁を読んでから引くほうが正しい引き方ができる。一冊を読み終わってから傍線を引くのではなく、論がまとまっている節や章を読んでから引くのである。こうすると、無駄な傍線を引くことがなくなるからだ。

いわゆる知識人は博覧強記の人が多いものだが、それは彼らが特別に記憶にすぐれている人たちだからではない。傍線を引きつつ本を読んでいるからだ。傍線を引くことによって自然と記憶できるようになるのである。

また、傍線を引きながら読んでいれば、わざわざノートなど取る必要などない。何か気がついたことをどこかに書き込む必要があるならば、本のその頁に書き込めばいいのだ。本の頁に余白がもうけられているのは、まさにこの書き込みのためなのである。

書き込みの方法

書き込みといっても、自分の感想を書いたりするのではない。たとえば、同じテーマを扱っている他の著者と対立する点、似ている点、参考となる他書の書名と頁などを書き込んでおくのである。このときに参照という意味でc.f.とすることもあるが、そんな西洋帰りみたいなことをしなくてもかまわない。

これらの書き込みは完全な文章ではなく、メモや語句、用語程度にしておく。それも明確に書いておかないと、あとで読み返したときにわけがわからなくなる。これらの方法はオーソドックスなものばかりである。大昔から誰もがこういうふうにして本を読んできたのである。

わたしは二十代の前半にベルジャーエフの『孤独と愛と社会』（氷上英廣訳）という本を読んでいるが、その二十八頁から二十九頁には次の文章に傍線を引いている。

「科学的哲学は哲学の否定であり、哲学の有する優越性の否認である。感情的認識の承認、価値感情による、共感と愛による認識の承認は、なんら理性の否定ではない」

そして、この文章の下の頁余白にこうメモしている。

Gefühl ist alles. Goethe Werther（感情こそ全て。ゲーテ　ヴェルター）

当時、わたしはゲーテをも読んでいたので、ゲーテの小説『若きウェルテル（ヴェルター）の悩み』の中にあった「感情こそ全て」という科白を思い出してドイツ語でメモしたのだった。

このメモに特別な意味はない。たんに連想から生まれたメモにすぎない。しかし、余白の書き込みはこのようなものでかまわないのだ。書き込みの作業によって、記憶力が高まるし、脳がフルに働くからである。

傍線によって記憶に残す

どんなに印象の深い本であっても、傍線を引かずに読んでいると、あとになって内容をおぼろにしか覚えていないということになる。しかし、傍線を引いて読むと、思い出しやすくなるのだ。

傍線を引くことで、頁にちょっとした模様が加わる。たったそれだけのことだけで、その頁が特別に視覚的に印象に残るようになる。本の厚さのどのあたりの右頁か左頁かということまで記憶に残る。論の内容だけが純粋に記憶されるわけではないのだ。

たとえば電車の中で読みながら傍線を引けば、電車の揺れのせいで傍線もゆがむ。それもまた記憶に残る。ゆがんだ傍線をあとから見て、どこへ向かうときにこの箇所を読んだのかということすら思い出せるわけだ。

たまたま筆記用具がなくて傍線が引けないときは、わたしの場合は頁の端を折っておき、あとで傍線を引く。上段の文章なら上側の端を折り、下段の文章なら下側の端を折る。とても重要な内容が詰まっている頁なら、その頁をたてに半分に折っておく。

本を買えなければ勉強はできない

傍線を引きながら読むことによって本当に本が読めるのだから、図書館の本では自分の勉強はできない。また、パソコンの画面で読んでもなかなか記憶には残らない。だから、図書館はいまや絶版となった本を探す場所として使うことになる。あるいは、自分が次に買うべき本の見本場となる。携帯電話やクルマに金を使う一方で、本を買う金を惜しんで勉強することは実際は不可能なのだ。

したがって、必要な本がすぐに買えない環境にいることは独学には非常に不利である。インターネットで本を註文できる現在のシステムは便利だが、書物というものは自分で頁をめくって拾い読みしてみないと、必要な本かどうかは絶対にわからない。だから、タイトルだけで註文するのは無謀だし、結局は無駄遣いになる。

雑誌や偏見だらけのベストセラー本しか置いていないような書店くらいしかない文化的

に貧しい場所に住んでいることも独学にはまったく不利だ。砂漠の真ん中で世界の食材を集めようとするようなものだからだ。

もちろん、パソコンは本の代わりにはならないし、パソコンで勉強することも実際には無理である。電脳社会がどうのこうのというけれど、機器が電脳になっても人間の頭は絶対に電脳にはなれないのだ。結局は物を売ることが最終目的であるコマーシャルにだまされてはいけない。

多くの本を読む

多く読めばわかってくる

昔の日本人は本の文章を声に出して読んでいた、音読である。黙読がふつうとなったのはここ数十年のことである。今でも、音読しなければ文章の意味がわからない老人が残っている。

昔ながらの音読では、本を速く読むことができない。もちろん、本を速く読むこと自体がすぐれているわけではない。速く読めても理解できていなければ意味がない。

昭和の半ば頃まで、「読書百遍、意おのずから通ず」といわれていた。同じ本をくり返し読むことによって意味がわかってくる、ということだ。しかし、そういう不思議なことは起こらない。何度読もうとも、意味が徐々にわかってくるということはない。

しかし、わからない本がいつまでたってもわからないというわけでもない。別の本をも読むことによって、前の本がわかるようになる。だから、他の本を多く読むために、今の一冊を速く読むことが重要になるのだ。

速読法を習うのはお金と時間の無駄

だからといって、まずは速読法を身につけなければならないということはない。なぜならば、本をたくさん読んでいるうちに速く読むことができるようになるからだ。したがって、速読の最大のコツはたくさん読むことである。

そうやって本を自然と速く読めるようになる段階に達する時間よりも、速読法を身につける時間と費用のほうがはるかに多くかかるのだから、何よりもまず速読法を習得するというのはお金と時間の浪費でしかない。

しかし、速く読めるといっても、実際には二百五十頁程度の本を一、二時間ほどで読了する速さだ。部分的な速読なら、数秒以内で見開き二頁の内容がだいたい理解できるようになる。これは、どの書物を買うか、書店で選ぶときの速読である。

速く読める人は、どんな本でも速く読んでいるわけではない。本の内容や書き方によって、読む速度がだいぶ変わってくる。単純な構成で、内容もそれほど難しくないならば速く読むことが可能だし、じっくりと考えてようやくわかるような難しい内容の本ならば、熟読しなければ充分に理解できないのは当然のことだ。

読むのが速くても遅くても、目的は正確な理解である。速く読めたところで理解が不充分ならば、何の意味もない。

多読の効果

書物内容の理解には、心理状態が深く関わる。感情が激しく動いていたり、あせった気持ちでいるならば、本を読んでもまともに理解することができなくなる。ゆったりとした気持ちで、時間がたっぷりあるという状態で読むのがもっとも理解が速まる。

このため、一日の用をすべて終えた夜や休日にじっくりと読書するのがもっとも理にかなっていることになる。就寝の一、二時間前に読むと、朝や昼に読むときよりも多く記憶に残る。常習的な飲酒はその機会を奪い続けることになる。

本をたくさん読むほど、それにつれてどんどんと知識が増える。その他に、多読が副次的に生むものとして、あらゆる事柄への理解が速まるということがある。

読書によって語彙が自然と増えているし、また、さまざまな論理や論述の生きた形式を本から学んでいるため、現実に直面する事柄の構造や仕組みを洞察しやすくなるのだ。それは同時に、状況に振り回されずに落ち着いた判断を下すことにもつながる。

また、読書によって、効果的な表現方法が身につく。プロの書き手が表現に秀でているのはたくさんの読書によって培われてきたからである。彼らの書斎が書物に溢れているのはたんに本好きだからではないのだ。

多くの本を読むために多くの時間をまとめてとる必要などない。あいている時間に数頁ずつでも読めばいいのだ。時間管理に頭を悩ませるのは愚かだ。「案ずるより生むが易し」ということわざは、今すぐ行動を起こすほうが得策だということを述べているのである。

読書で世界が変わる

フィクションを事実と思い込んでいる

わたしたちの多くは伝聞や噂やフィクションを事実だと思い込んでいる。

たとえば、数百年前の日本を、わたしたちはテレビや映画の時代劇のようなものだと思っている。あるいは、時代小説に描かれているようなものだと思い込んでいる。

武士道というものが歴然としてあり、悪い武士もいたろうが武士の多くは誇りを持って気高く生き、かつ人情があり、庶民は素朴で平和を好み、現代よりもゆったりと暮らしていた、というふうにである。

わたしも以前はそう思っていた。ところが、時代考証の本を読んで、自分が長い間にわたって漠然と抱いていたイメージが実はさまざまな伝聞が混じりあったフィクションだということに気づき始めた。次に江戸時代の武士が記した日記を読んで、その時代がいかに血の匂いに満ち、欲得と残忍さが蔓延しているかということを知った。

タイムマシンがない限り、わたしたちは過去の世界に戻ることはできない。そこで想像せざるをえないわけだが、その想像は理想や憧れや観念が核となっているため、要するにきれいごとになってしまうのだ。

藤沢周平の時代小説は小説としては立派だが、描かれているのは時代という化粧をほどこした現代の人間模様である。そのことを本人も自覚していた。あれがそのまま日本の昔、江戸時代ではないのだ。

十六世紀の日本人の実際の姿

では、過去のことはまったくわからないのかというとそうでもない。映像は残っていないが、文章が残っている。往時の世相を記録した本がいくつかある。その中でももっとも重要で有名なのがフロイスが残した膨大な記録である。

ポルトガル人のルイス・フロイスはイエズス会の宣教師で十六世紀の日本に来て三十五年間も住んだ人だ。そして、いかに日本と西洋が異なっているかを事細かく記録して報告した。その一部が今は岩波文庫に収められている。

いくつか抜粋してみると、次のような記録である。カッコ内は訳者の注である。

われわれは散歩を、大きな保養で健康によく、気晴らしになるものと考えている。日本人は全然散歩をしない。むしろそれを不思議がり、それを仕事のためであり、悔悛のためであると考えている。

われわれの間では教えに背いた者は背教者、変節者とされる。日本では望みのままに幾度でも変節し、少しも不名誉としない。

われわれの間では医者は試験を受けていなければ、罰せられ、治療をすることはできない。日本では生計をたてるために、望む者はふつう誰でも医者になれる。

ヨーロッパでは地面から家にはいる。日本では渡るための橋を材木や石で作る。（道路がかまぼこ型のため、家の前に溝ができるので、小さな橋を渡って家に入ることになる。）

われわれは海の精や海人のことはすべて虚構と考えている。彼らは海の底に蜥蜴の国があり、その蜥蜴は理性を備えていて、危険を救ってくれると思っている。

当時の日本における殺人についてのフロイスの観察報告は、わたしたちが一般に抱いている昔のイメージをひっくり返すに充分だろう。

われわれの間ではそれをおこなう権限や司法権をもっている人でなければ、人を殺すことはできない。日本では誰でも自分の家で殺すことができる。

われわれの間では人を殺すことは怖ろしいことであるが、牛や牝鶏または犬を殺すことは怖ろしいことではない。日本人は動物を殺すのを見ると仰天するが、人殺しは普通のことである。

われわれの間では窃盗をしても、それが相当の金額でなければ殺されることはない。日本ではごく僅かな額でも、事由のいかんを問わず殺される。

われわれの間では人が他人を殺しても、正当な理由があり、また身を守るためだったならば、彼は生命は助かる。日本では人を殺したならば、そのために死ななければならない。またもし彼が姿を現わさなければ、他人が彼の代わりに殺される。

（中世法では人殺しの下手人は相手方に引渡され、殺された。下手人の身代わりに親や子が殺されることも普通であった。）

これだけ知っても、実際の日本は時代劇の清潔なイメージとはほど遠かったとわかるはずだ。生命が軽かったというか、殺人や死は日常茶飯事だったのである。

つまり、わたしたちは根拠のない伝聞や後代のフィクションに歪められた思い込みで過去を夢想していたわけである。それがフロイスのこの薄い文庫本一冊の数行で破られるのである。

世界観が変わるとき

それは同時に世界と歴史についての新しい発見となるし、わたしたちの世界観が変わるときなのである。それは新しい自己への変貌ともなるのだ。

わたしたちは学校で多くの事柄を学ぶ。しかし、本当には学んでいない。学校では事項や名称を知るだけなのだ。その事項や名称に思い込みが加わって、わたしたちは現実には存在しなかった歴史や世界を想像してしまうのである。

名称だけでわかったつもりになるならば、偏見にまみれた想像が世界の現実だと思うようになってしまう。しかし、そこにとどまることなく一歩踏み出して本物を手にしてみるならば、世界はガラリと変わる。どんなものでもいい。オリジナルはすべてわたしたちの下手な想像を超越している。

だから、手っ取り早く解説書を読むのも場合によっては必要だが、とにかく一度はオリジナルにあたることによって、わからなかったものがわかり、新しい世界の地平が生まれてくるのである。

第3章

教養を身につける

教養とは何か

知識＝教養ではない

教養とは何か。これについては、さまざまな人がそれぞれの見解を述べている。それらの意見は細部の違いはあるものの、根本においては共通している。つまり、教養は知識を土台にしているということだ。

しかし、知識を多く持っているからといって、その人が教養人、もしくは教養ある人だとは限らない。学校や学問にたずさわる人であっても、その行ないが下卑ていれば教養人だとはいえない。

だから、教養という言い方はその概念だけで独立するものではない。その人間の現実の行ないが知恵によって裏づけされた配慮あるものであるときにこそ、教養という言い方が立ち上がってくるのである。

よりよく生きること

したがって、「教養を身につける」とは勉強をするということではなく、知識や知恵を現実の行ないに生かすということだ。いくら学歴が高くても、横領や痴漢をするならば、教養ある人ではない。それはあたりまえのことなのだが、多くの人は学歴や肩書きで教養の度合いを勝手に判断してしまいがちであろう。

最近の出版物は著者の肩書きを記しているものが多い。肩書きで書物の内容を信頼させようとする手管である。逆にいえば、読者は著者の肩書きで購買を決めると見られているわけだ。

ところで、教養人は人の役に立つだろうか。教養人は状況に応じて最善の行ないをすることを目指すことで教養人とされるのだから、よりよく生きることを実践するという意味で感化を及ぼし、社会のために役立っているといえるだろう。教養人は模範ではないけれど、人間の善を少しでも実現化することを助けているのである。

知識を道具化するな

わたしは、何か資格を得るために、就職に有利になるようになどという目的で独学する人を卑しいと思う。利己的だから卑しいのではなく、知識を道具化しているから卑しいと思うのである。

悪人の特徴は、知識を道具化することである。人をだまして商売して儲けようとする人は心理学を勉強して道具化している。それは心理学の悪用である。知識はいくらでも悪用ができるのだ。核分裂を利用して核爆弾を製造する例を挙げるまでもない。

何かの目的を得るために知識を道具として使う人にとって、知識は自分の生き方や行ないには関係のないものとなる。だから、そこに教養人が生まれることはない。彼らにとって、たとえば善とは、たくさんある観念の一つにすぎず、自分が関わっている現実でないのだ。そういう態度が反人間的であることにさえ気づいていないのである。

このように教養の特徴とは、知識を土台にしているということの他に、たえず自分への問いかけをしてくる倫理的なものだということだ。教養は、世間的なおべっかの表現方法の一つではないのだ。

『聖書』という教養

ある評論家の無知

ある有名な評論家が週刊誌に、外国新聞を引き合いに出して世界を読み解く記事を連載している。二〇〇五年六月十七日号のその頁をめくってみると、フランスで発行されている英字新聞インターナショナル・ヘラルド・トリビューン紙の記事の翻訳の次にその評論家の解説文章が載っていた。

一部を引用してみよう。最初のカッコの中は同紙の記事の訳で、次に続く文章はその有名評論家による解説の一部である。

（この合併買収合戦はダビデ対ゴリアテの様相を呈している。若い世代対老いた世代、有能でカジュアルな起業家対真面目にスーツを着る企業経営者、クールな日本対盛りを過ぎた日本株式会社という図式だ）

羊飼いの少年ダビデが巨人兵士ゴリアテを打ち倒したギリシャ神話にちなんで、新世代を代表する堀江社長と、旧態依然の〝Japan Inc.'s old guard〟（日本株式会社の守旧勢力）である日枝会長の対比を読み解くわけだ。……


この評論家は国際センスを持っていると自負しているし、英語も堪能だとされている。実際に大物評論家である。しかし彼は、この新聞に比喩として引用されたダビデとゴリアテの戦いがギリシア神話に記載されていると思い込んでいるから右記のような文章を書いたわけである。

古代の神々を擬人化したお話にすぎないギリシア神話には、ダビデはもとよりゴリアテも出てこない。ダビデとゴリアテの有名な戦いが出てくるのは旧約聖書のサムエル書上巻である。週刊誌のこの記事が教養のないゴーストライターが書いたのでなければ、この有名な評論家に基礎教養がないことになる。

それにしても、編集者も出版社の校閲部もこのあからさまなまちがいに気づかなかったのだろうか。あるいは、気づいていても指摘できない力関係にあったのだろうか。いずれにしても、読者には正しくない情報が提供されたことになる。

あらゆる文化のベースに宗教がある

字幕付きの外国映画を観ていても、これと似たようなまちがいが散見される。神父と牧師が混同されていたりするのだ。もちろん、字幕担当の翻訳者自身とスタッフなど関係者に基礎教養が欠如しているからである。

教養のない大学教授も少なくない。実際、あるコンパクトな哲学事典にはキリスト教の聖霊を精霊と書いて説明しているのである。東大の教授らが編纂した事典なのにである。

これらのあやまりに共通しているものがある。すでにおわかりの通りに宗教である。日本人の多くの人に宗教知識が欠けている。あまりに多くの人がまちがっているから、誰もそれがまちがいだとさえ気づかない。

　宗教のことなどそれほど深く知らなくてもいい、と思われている。確かに、深く知らなくてもいい、かもしれない。しかし、せめて浅く知っておかなければならないだろう。というのも、あらゆる文化のベースにあるのは宗教だからである。

　ハリウッドの娯楽映画にしても、そのベースには宗教が置かれている。たとえば、冒険好きな考古学者が活躍するインディ・ジョーンズ。あの映画では、ハリソン・フォード演じる主人公のインディ・ジョーンズが聖櫃《せいひつ》を探すという設定になっている。

　では、聖櫃とは何か。宝物みたいなものだろうか。ちがう。聖櫃とは、モーゼが神から与えられた十戒の二枚の石板が入っている箱である。つまり、聖書の有名な箇所を観客が知っているという前提で作られている娯楽映画なのだ。

　そもそもハリウッドの関係者にはユダヤ人が圧倒的に多い。したがって、ハリウッド映画にはユダヤ教を侮辱するようなものが見あたらないのである。そういう事情を考慮すれば、字幕翻訳者や映画評論家は宗教に通じていなければならないわけだが、実際にはそうではない。それでもプロとして通用しているのは日本人観客も映画の上っ面しか観ていないからだろう。

キリスト教がわかれば哲学もわかる

学問においても、宗教の知識がないためにかえって難解に思われている事柄が多い。たとえば、哲学である。哲学は難しいと思われている。哲学にたずさわる大学教師自身ですら、そう思い込んでいる。彼らの書いた本にそれがよく表れている。やたら難しい。哲学を難しいと思っている人間がさらに難しく書いているのである。

なぜ、彼らは哲学を難しいと思うのか。宗教を知らない、宗教の教養を持っていないからだ。ベースにある宗教さえ知っていれば、哲学はそれほど難解なものではない。カントも、ハイデッガーも、ニーチェも、サルトルも、彼らの文章ほど内容は難解ではない。

哲学はせんじつめれば、物事の根源を知ろうとする努力に他ならない。哲学者は、宗教が根源に神を置いてそこから世界を照らしていることをよく知っている。しかし哲学者は宗教にたよらずに自分の力だけで世界を照らしなおそうとしているのである。

つまり、神のライバルとなろうとしているわけだ。哲学者とは、すべてを知るためならば悪魔に魂を売ってもかまわないというあのファウスト博士のようなものだ。このように、哲学は一般の学問よりもずっと宗教に近い姿勢を持っているのである。こんなあたりまえのことを知らずに哲学を勉強すれば難しいのも無理はないわけだ。

哲学に限ったことではない。芸術については宗教がことのほか強く関わっている。キリスト教を知らずに、バッハのすばらしさに感応することはできない。聖書の内容を知らずにダリの絵は理解できない。ベケットやグリーンの文学はなおさらである。

人間が行なう文章表現のあらゆる形態はすでに聖書の各文書において用いられている。西洋の詩の頽廃さがわかるのは宗教を知っている者だけである。とにかく、ほとんどの大きな文化の根底に宗教がある。もっと正確に言えば、聖書が前提としてある。

聖書を知らないと世界が理解できない

わたしはここでユダヤ教やキリスト教の宣伝をしているのではない。聖書を知らない以上は世界を理解できないという事実を述べているだけである。

教養とは、結局は古代の中国官僚の処世術にすぎない論語を読んで身につけるものではない。論語は世界の文化を形成していない。教養を身につけるとは、世界を形成してきた聖書を読むことなのである。

何を独学するにしても、聖書を読まずに始めるならば、あらたな偏見を自分の中につくるだけに終わる。そういう人が多すぎる。すると、さきほどの評論家のようにギリシア神話も聖書も区別がつかなくなる程度の頭になってしまうのである。

つまらない誤解がある。聖書は、ユダヤ教やキリスト教に人々を勧誘するための書物ではない。また、聖書にはありがたい教えばかりが書かれているのでもない。聖書に描かれているのは、人間への神の関わりである。

神はたえず人間に関わり、教えてきたのである。法律の原型も神から教えられている。法律の原型は聖書の成立よりも古いハンムラビ法典にあるように思われているが、他人から害を受けても復讐をせずに賠償ですませよという法律の基本は聖書で教えられている。為政者や知識人や学者が考案したものではないのだ。

世界には聖典だの経典だのというものがあまたあるのだが、その中でも世界の形成に事実として寄与してきたのは聖書だけである。キリスト教信者が世界で圧倒的多数を占めたために現代世界が形づくられたわけではない。

世界の土台が聖書にあるのだから、そこに何がどのように書かれているのか知っておくかどうかで世界の見方が変わるのは当然のことだ。仏教経典をいくら読んだところで世界は少しも理解できない。しかし、聖書を読んでいれば、仏教経典に何が書かれているかさえ理解できるようになるのである。

したがって、真の教養の第一は聖書を読むことである。日本で入手できる聖書で注釈と参考図版がもっとも充実しているのは講談社から出ているバルバロ訳の聖書である。これを注釈と図版を含めて一通り読んでおけば、それ以降の理解度がまったく変わる。一日に三時間読むとすれば、聖書全巻を終えるのに約一ヵ月かかる。

どうしてもそれほどの時間がとれないというなら、少なくともまずは聖書の次の文書は読んでおくべきである。というのも、世界の重要な書物や考え方はこれらの文書を常識として踏まえているからである。

〈旧約聖書〉（カッコの中は一般の聖書の文書名）

創世の書（創世記）　脱出の書（出エジプト記）　レビの書（レビ記）

サムエルの書（サムエル書）　ヨブの書（ヨブ記）　ヨナの書（ヨナ書）

〈新約聖書〉

マテオによる福音書（マタイによる福音書）　ヨハネによる福音書

使徒行録（使徒行伝）　ローマ人への手紙（ロマ書）　ヨハネの黙示録

宗教書を必ずかじっておく

聖書以外の宗教書は「かじる」

さきほど聖書を読むことの重要性と、最低でも読んでおくべき部分を示しておいた。聖書の知識があれば、今後世界のどういう本を読もうとも、どういう文化に出会おうとも、必ず理解が深まるからだ。

もちろん、聖書知識が覆っていない文化や書物もある。そのために、他の宗教書も読んでおいたほうがいい。といっても、丸ごと読む必要もなく、ある程度かじっておけばいい。

つまり、少し読んでおいただけでわかるものだという意味ではなく、だいたいの雰囲気をつかんでおけば、何も読んでいないよりもましという程度である。本当にそれが本格的に必要になったときはちゃんと読めばいいのである。

とっかかりとして何よりもまず簡単そうに見える安価な解説書を読む癖の人がいるが、書物に対して臆病すぎるし、だいたいにして遠回りである。

イスラム教…『コーラン』『ハディース』

イスラム教で聖典とされているコーランがどういうものか知りたかったら、コーランそのものを直接読めばいい。ありがたいことに、日本には井筒俊彦訳の文庫本が揃っている。コーランは字が詰まっているし、文体も偉ぶっていて、はなはだ嫌悪感を与えるが、そういう文体がコーランの特徴でもある。かなりとっつきにくい。どうにも読みづらいというのだったら、すでに紹介した「眺め読み」でコーラン自体の存在感に勝ってから少しずつ読めばいい。

コーランは聖書とちがって、ある程度の時系列に沿って章が並べられていない。だから読んでも後先がわかりにくくて困るのだが、それは同時に、どこから読んでもかまわないということである。だから、読みやすいところから読んでかまわない。

ジハードに関する文章にあたりたいなら、第八戦利品章、第九悔悟章。イスラム教の独断性を知りたいなら、第二雌牛章。来世観なら、第五七鉄章、第三イムラーン家章。運命観なら、第一三雷電章、その他となる。

イスラム教では第二聖典というべき書物がある。ハディースである。これも文庫本で出ている。ハディースには、イスラム教の開祖マホメットが何を言い、どう行なったかということが目撃談という形で書かれている。

それは委細を尽くしていて、マホメットがトイレに入ったときに何と言ったとか、マホメットと妻らが性交後にどのようにして陰部を洗ったかということまで記されている。このハディースはコーランの三倍の分量があるが、冒頭の「浄めの章」を読むだけでマホメットの異様なカリスマ性とイスラム教の雰囲気がわかる。

イスラム教文化についての概説には、井筒俊彦『イスラーム文化』（岩波文庫）が参考になる。ビジュアルを多くほどこした解説ムックなどはかえってイスラム教をわかりにくくしている。また、イスラム教徒による著書やイスラム教にシンパシーを覚えている著者の本は学者のものであっても、内容はかなり偏向している。

なお、コーランを読む前には聖書を読んでおいたほうがいい。なぜならば、コーランは聖書を前提にした宗教書だからである。コーランから読むと混乱をきたす怖れがある。

仏教…『スッタニパータ』『正法眼蔵』

書店にはうんざりするほど仏教関係の書物が並んでいるし、般若心経の解説書はいつも売れている。

しかし、般若心経は有名な経典ではあるが、そこにゴータマ・シッダールタ（ブッダ）の言葉が書かれているわけではない。般若心経はブッダの死後数百年たってから学僧が仏教思想のダイジェストとして書いたものである。

ブッダの言葉は最古経典として知られているスッタニパータにまとめられている。これは『ブッダのことば』（岩波文庫）として文庫本になっている。厚いが、内容は重くはない。

要するに、まじめな生き方をしないと悟れないと書かれている。

その平易さは、般若心経に明らかに認められる古代哲学とは大違いである。平易すぎて眠くなるかもしれないが、とりあえず読んでおけば本当の仏教がわかる。つまり、日本化されていない生粋の仏教が見えてくるのである。

正法眼蔵は鎌倉時代の曹洞宗の道元が書いた修行僧向けの修行マニュアルである。日本最初の哲学書ともいえる部分がある。しかし、内容は難しくない。

もちろん、わたしはここで正法眼蔵の解説書を読んでみることを勧めているのではなく、正法眼蔵の原文とその訳を載せたものを勧めている。これはかなりの分量だから、せいぜい最初の五十頁ほどでいいだろう。その間に有名な文章がたくさん出てくる。

何度も注意するが、最初から解説書を読むということは、解説者の見方でその本を読んでしまうという偏りが生じるからである。本はまず率直に読むのが正道である。

カルトに騙されないためにも

これら宗教書を読むことによって視野は広がる。しかし、宗教書に毒されてオウム真理教のようなカルトに誘われやすくなるということはない。ああいうカルトに多くの若者が簡単に勧誘されたのは、彼ら自身が本物を読んでいなかったからである。

あの若者らがスッタニパータを読んでいれば、松本某という詐欺師に引っかかることはなかったのである。つまり、オウム真理教の信者は自分の怠惰のために騙されたにすぎない。本物を読むということに怠惰だったのだ。

仏教だけではなく、キリスト教を装ったカルトもたくさんある。そのような疑似キリスト教に安易に引っかかるのはやはり聖書そのものを読んでいない怠け者だけである。

以前そのようなことを著書に書いたら、ある有名な団体から質問状のようなものが出版社に届いた。さっそく返答の電話をしようとしたら、書類になぜか電話番号が記されていなかった。NTTに問い合わせても電話番号は公開されていないということだった。仮に電話ができたとしても、彼らはわたしに論戦で勝てる頭脳はないと思うのだけれど。自分で考えることができれば、そもそもカルトに入っていないわけだし。

第4章
外国語の独学法

まずは日本語を正しく使う

日本語ができなくては外国語も無理

荒っぽい人は荒っぽい言葉を使う。暴力団は独特の乱暴な言葉遣いをするし、軽薄な人は言葉の使い方も軽薄だ。

その人が使う言葉は、その人の思考と行動を如実に表現している。弱気な人は強気な人よりもずっと多くの弱気な言葉を使うのがふつうだ。

思考と言動が密接に関係しているのは、人間は言葉で物事を考えて判断するからだ。だから、言葉によって他人を動かすこともできるわけだ。

多くの人は、自分は言葉をほぼ完璧に使いこなしていると思い込んでいる。ところが、二百字程度の文章を一点のまちがいもなく書ける人はごく少ない。つまり、母国語である日本語さえ満足ではないということなのだ。

そういう人が外国語学校に週に何度か行って外国語ができるようになるわけもない。

もともとの日本語力が八〇％程度の人が留学してまじめに外国語を習ったとしても、最高にうまくいった場合でもせいぜいその六〇％程度しか習得できない。つまり、自分が日本語で表現できる事柄の半分以下しか外国語で満足に表現できるようにはならないということだ。

外国語は簡単には習得できない

留学してもそうなのだから、仕事帰りに外国語学校で週に数時間のレッスンを受けたところで外国語が身について国際人になれるということはまずありえない。しかし、外国語学校のコマーシャルはそういうようなイメージで生徒を勧誘している。それは生徒のためではない、商売の儲けのためである。

しかし外国語学校のすべてがだめなのではなく、一ヵ月の授業料がゆうに百万円以上もかかるある外国語学校で学ぶなら別である。授業はマンツーマンで朝から夕方まで毎日ある。そこに一年も通って優秀な成績がとれるなら、外国の大学に一発で受かるほどの実力が得られる。

では、外国語を習得するにはまず金が必要なのか。一面においては否定できない。しかし、その場合でも本人が相当の努力をしなければならないが。

まずは自分が外国へ行って、そこで恋人を見つけ、楽しく暮らしながら恋人からレッスンを受けるのがもっとも安くて簡単ではないかと思う人もいるだろう。これは作家の開高健らが軽いエッセイで流布した方法だ。

残念ながら、それほどの安易は通じない。まず、その恋人が外国語教授の博士号を持っている優秀な人材だとは限らない。一般的な外国人の恋人から習える外国語はたいしたことはなく、結局は癖のある言い方の一部程度を覚えるだけだ。本当に正確な外国語を習得するには恋愛関係などぶっ飛ぶくらいの努力が同時に必要とされるのがふつうだ。

いずれにしても、持続する意志と異常な努力なしでは外国語は習得しがたいということだ。その場合でも、自分の日本語力レベルの六〜八割程度までなのだ。言い換えれば、かなりの読書量があり、成績が優秀で、なおかつ日本語における表現がすぐれていなければ、外国語を身につけるのは困難になるということだ。

したがって、子供の頃から外国語を学んでもたいした成果は得られない。英語のアップルの発音はむしろエポウに近いということを知る程度だ。なにしろ、子供の語彙には限度があり、新たに学ぶ外国語はそれを越えないからだ。

その原点から見れば、どうすれば外国語を身につけやすいかおのずとわかってくる。すなわち、まずは正しい日本語を身につけるということだ。

正しい日本語は豊富な読書によって身につけることができる。文章のぞんざいな雑誌や、初体験を「はつたいけん」と読むようなテレビ番組などから学ぶことはできない。

言葉のセンスを養う

言葉全般への強い関心

外国語を学ぶなら、言葉のセンスがあったほうが望ましい。言葉のセンスがあれば、上達がいっそう速くなるからだ。

言葉のセンスとは、言葉全般についての強い関心である。ちょっと会話をしただけで、相手が言葉のセンスを持っているかどうかはわかる。なぜならば、言葉のセンスがある人は、的確で幅広い言葉の使い方をするからである。

言葉のセンスのない人は、癖の強い話し方をする。たとえば、何についてもある特定の言い回しで勝手にまとめてしまうという癖などである。この場合はいくつかのパターンの言葉の使い方しか知らない、要するに論理が貧しい、ということだ。

そういう人は考え方自体が数パターンしかないので、外国語の異質の思考や外国語特有の言い回しを理解しにくいのである。いわゆる頑固な人、身勝手な人、やさしさに欠けている人は言葉と考え方において貧しいものだ。

センスのある人の特徴

言葉のセンスがある人には、次のような特徴が見られる。

相手がよく理解できる言葉遣いをするよう努める。相手が標準語しか理解できないのにずっと方言だけで喋るような態度はこれとは正反対である。

言語や言語の使い方に関心を持っていて、すぐに特徴が把握できる。たとえば、誰かと話している場合は、相手の喋り方、単語の並べ方、結論への道筋、文章の長短、発声の感じ、などといったことをとらえるのにすぐれている。

どんな言語についても、文字の形や並び、発音に興味があり、その区別がわかる。だから、映画やテレビから流れてくる音で何語が話されているかだいたいわかる。

気になったときに辞書や百科事典を引くのを躊躇しない。したがって、いつも言語的正しさを知る努力をしているから、表記と発音が異なることが英語のような外国語ばかりでなく日本語にもあることを知っている。たとえば、十回は「じっかい」と発音することを知っておもしろがる。

日常に溢れている外国語の意味を知ろうとする。あるいは、その外国語表記の誤りをいくつも知っている。日本語についても、誤りがすぐに目につく。

教育テレビの各外国語のレッスン番組や、衛星放送で流されている外国のニュースをその外国語を主音声に設定して観るのが楽しい。深浅こそあれ、基本的にはどの外国語にも興味がある。

こういった言葉のセンスがなければ、外国語を学ぶのは地獄となる。また、外国語を話すのがカッコイイと思うような気持ちは言葉のセンスとはまったく関係がない。

学習のコツ

まず全体を俯瞰する

本気で外国語の習得を目指すなら、初級のテキストを買ってきて基礎から少しずつ進んでいく方法はあまりにも緩慢すぎるし、効率的だとはいえない。語学スクールや学校でもこの方法を採用している。

しかし、こういった方法は、見知らぬ暗い森をちょっとずつ刈り込んでいくようなものだ。学ぶほうとしては先に何があるかわからずに、全体の予想もつかずに進んでいく。それは不安だし苦しいことだから、中途で挫折してしまいやすいのだ。

そうならないためには、まずはその外国語全体を俯瞰しておくとよい。具体的には、文法をまとめた本を二日程度で読みきっておく。

その外国語の初心者なのだから理解して読むことはできないだろう。それでもなお、わからないままに目を通しておく。すると、全体の地図を見て自分の居場所を確認できるように、自分が今何をどの程度やっていて、どの位置にいるのかわかるようになる。これだけで、たえず湧きあがる途方もない感じを払拭できる。

文法書を一通り読んでおくのは不安を解消するためだけではない。幾度も目を通しているうちに、その外国語の特徴がはっきりとわかってくるようになる。フランス語ならば、時間感覚が日本語とはだいぶちがっていると気づくし、ドイツ語ならば、動詞の形と位置が英語とはちがうということがわかってくる。

言語のそういった特徴が興味深いと思えるならば、それは持続力の源泉となる。外国語に限らず、おもしろさを感じることこそ持続と深化を促進させるものだ。

辞書は読むもの

辞書は、例文の豊富な厚いものを買うべきだ。単語の意味を知るだけの用途しかない薄くて簡単なものは上級者向けのものだ。いわゆる大事典と称される厚くて値段の高い辞書こそ結局は役立つ。高いといってもジーンズ一本の値段もしない。

辞書は引くため以上に読むものでもある。発音記号やアクセントを調べ、語源を知り、意味の範囲とニュアンスを知り、いくつもの例文を読むことでその語の使い方や使われているシチュエーションを知るのである。

一つの単語についてそこまでじっくりと辞書を読んでおけばその語の印象が深く残り、忘れることが格段に少なくなるものだ。たんに意味を知るだけで例文等を読まないと、すぐに忘れてしまい、あとから何度も同じ単語を引かなければならなくなる。だから、一単語ずつじっくり読むのが記憶と時間において経済的なのだ。

したがって、単語を覚えるにあたって暗記という努力は必要ない。その一単語についての初めの出会いを長くするだけでいいのだ。受験生は単語帳を何度もくり返しめくって暗記しようと努めているが、その方法こそもっとも非効率で覚えにくい方法なのだ。

単語を多く知るほど、その外国語への楽しみが多くなる。なぜならば、文法がまだちゃんとわからなくても文章のだいたいの意味が類推できるようになるからだ。わかるということほど人間に深い楽しみを与えてくれることはない。

熱中しなければモノにならない

あと必要なのは熱中である。自分でバカになったのではないかと思えるほど熱中して取り組まなければ、望むレベルに達することはできない。教師やテキストのよしあしなど責任転嫁にすぎない。そんなものが意味がないほど集中して取り組むことが大事だ。夢にもその外国語が出てくるし、日本語の文字が変な模様に見えてくる。そのくらいになるまで関わってようやくなんとかなるものだ。

「外国へ旅行に行ったときなんかに通訳なしで買い物できて、あとは向こうの人とちょっと世間話ができるくらいでいいの」

と安易に言う人がいるが、外国で初めて会う他人と世間話がちゃんとできるくらいの会話力は外国の大学に入る語学力よりも高いということを知らないらしい。つまりそれは、外国語で思考できて、字幕なしで外国映画が全部理解できるということだ。わたしの場合はそうなるまで、外国の大学に入ってから二年半もかかった。

読むことが第一

ベースは常に読む力

外国語学習はやればやるほどに成果が上がる。どのようなやり方であっても、自分が本気でやった分だけ確かに身についていく。

ある特別な方法のみが誰にも完全に効果的だということは本当はない。ネイティブスピーカーに習って喋れるようにならなければ意味がない、ということもない。そういうもっともらしい主張は商業的な宣伝文句にすぎない。

たいして意味のない会話をしたり、いかにも外国人らしい発音が少しの数の単語だけできるよりも、文章を読めるようになるほうがまずはずっと重要なことだ。

外国語理解のベースは常に読む力だ。読めることは、仕事はもちろん日常の多くの場面において実際に役立つ。

どういう場面においても、外国の新聞の見出しや記事がざっと見て理解できるとか、外国語の説明書などの主旨をつかめる能力とかは必ず大きな意味を持ってくる。

外国に観光旅行に出かけても、中途半端に喋れるよりも文章を正しく理解できるかどうかが問題になる。たとえば、掲示板の注意書きやレストランのメニューを理解できる場合とできない場合を考えてみればすぐわかることだ。パソコンで世界とネット通信するつもりがあるならなおさら読み書きが最重要となる。

読めなければ話せない

少しくらい発音よく喋れたとしても、内容がないならばどうしようもないのだ。ちゃんとした知性のある会話をするためには、知性のある文章を理解する力がなければならないのはあたりまえのことだ。外国語も言語である以上、重要なのは音ではなく意味であり、その内容なのである。

ドイツ料理の有名な付け合せの一つにザウアークラウトというものがある。これは酢漬けキャベツのことで、ふつうは缶詰になっている。ドイツ料理を提供するという数軒の日本の料理店でわたしはザウアークラウトを註文してみたが、出てきたのは缶詰からそのまま皿にのせたものばかりだった。

だから、冷えてざくざくとした固い触感で、キャベツの酢漬けそのものである。本物のザウアークラウトはこういうものではない。とろりとするほど柔らかく、少しの甘みと酸味を持った温かい付け合せなのだ。なぜかというと、ドイツでは缶詰のそれを白ワインで煮込んでいるからなのだ。

日本の料理店ではそれを知らないわけだ。つまり、写真などの見かけで料理を似せているだけで、基本レシピを読んでいない。こういう日本人職人はドイツにもいた。彼らは外国語がちゃんと読めるようになる勉強をすることなく、だいたいの見当で似せたものを外国料理として持ち込んできているのである。

日本人の外国語学習には話す・聞く力と書く力が欠けているといわれるが、どこの国の外国語学習においても事情は同じだ。日本人だけがアンバランスなわけではない。基礎に読む力がなければ、話す力も書く力もついてこないのはあたりまえのことだ。

とにかく多く読む

読む力を直接に育てるのはただ一つ、とにかく読み続けていくということしかない。これは日本語も同じことで、多く読んだ人だけが文章の理解が速く上手くなる。だから、興味のとぼしい外国語の新聞記事を読もうと努力するより、自分が好きで得意な分野の雑誌や本を読むほうがはかどるのは当然のことだ。初学者用のテキストは内容が単純で飽きやすいから、本物の文章を読むのである。

その外国語の初学者の場合、文法がわからないのだから正確には読めない。それでもかまわない。読んで内容を知りたいという意欲さえあれば、辞書を引きながらなんとか大筋をつかむ読み方ができるものだ。

これは幼稚な方法に思えるかもしれないが、急速にその外国語に慣れていけるもっとも簡単な方法だ。そして、多く読むほどに次からのスピードがだんだんと速くなるのだ。

自己流ながらもある程度読めるようになると、興味はさらに大きくなるし、自分にも自信がつく。そういう状態になれば、聞く・話す・書くは、それらを最初から同時にやるときよりもずっと速く身につくようになるのである。

その外国語の論理パターンを理解する

慣れだけでは習得できない

「外国語は慣れ」と言われている。これはどういうことだろうか。

要するに、その外国語に接している時間を多くせよ、ということの言い換えにすぎない。至極あたりまえのことだ。

では、外国語に多く接するためにアメリカとかフランスとかドイツに行ってその地に暮らしたらどうなるだろうか。積極的に人々と関われば、ある程度しゃべれるようにはなる。発音やアクセントなど、日本人から見ればまるで外国人のように映るだろう。しかし、だからといって、その外国語がわかるようになったとはいえないのである。

外国に長く住むことによってしゃべれるようになった人の外国語は残念ながらブロークンである。当然ながら、正確に文章を書く力もなく、新聞記事を正しく理解することもできない。せいぜい小学三年生程度の外国語能力なのである。六本木で外国人と遊んでいても同程度にはなれる。だから、外国語習得のコツは「慣れ」ではないのである。慣れによって習得できるほど、外国語は単純ではない。日本語と同じように、各外国語も複雑であり、奥が深いものなのだ。したがって、「〜すれば外国語は簡単に習得できる」というのはたんなる宣伝文句か虚偽なのである。

独学者にとって、外国語は虚飾やファッションではない。外国語は道具である。資料を正確に理解したり、翻訳だけではわからない原語でのニュアンスを把握するための道具である。

そのように目的がはっきりしているのだから、目的に照準を定めた勉強法によって外国語を習得する必要がある。つまり、迂回するような勉強の無駄をはぶかなければならない。具体的には、資料や論文を読むための外国語を習得するのがストレートな道だということだ。

「会話から始める」はまちがい

一般的に大きな誤解がある。外国の一流新聞や論文を読むよりも日常会話のほうが簡単だという誤解である。その誤解から派生したもう一つの大きな誤解に、日常会話が学ぶべき最初の基礎だという考え方がある。

事実は逆だ。生きている人間と会話して充分に相手の気持ちを汲みとることのほうが、新聞記事や論文を理解するよりもはるかに難しく高度なことなのだ。

同じように、外国語の論文を読むよりも外国語の小説を読むほうが難しい。なぜならば、小説には独特の文体があり、語彙がすこぶる豊富であり、一語や一文の意味が多岐にわたり、選ばれている言葉や文に含蓄があり、書かれている事柄そのものが主旨ではないからである。その最高度のものが詩である。

どんな言語であろうとも、芸術性の高いもの、微妙なニュアンスが特性となっているもの、豊富な文化的知識が前提となっているもの、感性と関わるものの理解がもっとも難しいのである。

それらに比べたら、一流新聞の記事や評論、論文のたぐいの理解は容易である。下手なものでない限り論理が一貫し、主張や主旨が明確に示されているからである。

経済用語、政治用語、術語がふんだんに盛り込まれているが、基本的な語彙はそれほど多いものではない。また、言い回しも文芸作品ほど多彩ではない。限りある構文がしょっちゅう使われているだけである。表現と構成が単純なのである。

構文を覚える

であれば、外国語の勉強法の道筋はおのずと見えてくる。まずは、構文の習得である。これは論理的な文章に多用される構文のことで、たとえば、「以上のことから、次のことが導き出される」といった言い回しのことで、論理パターンの枠組みとなるものだ。

論理の枠となる構文は構文集などの書籍から学ぶこともできるし、くわしい注釈つきの英字新聞などから学ぶこともできる。

構文は個々の術語よりも重要である。なぜならば、論の主旨や結論を左右しているのが構文だからである。構文が載せている単語や術語の意味がわかっていても、構文がわからなければ、論がどう流れ、どうまとまるかは理解できないのは当然である。

したがって、構文を覚えることは最重要である。覚えるといっても、構文をノートに書き写し、毎日何度も目を通して〝暗記〟するという方法は非効率的であり、そういうふうに暗記したものはすぐに忘れてしまう。暗記をせずに身に染みつけさせてしまったほうがはるかに早いし、忘れることもない。

そのためには、その構文を含んだ文章をいくつも書くという方法がある。一つの構文を使って初めは三十種類の文を書けば、構文が覚えられる。そのうち二十種類の文章を書くぐらいで、その構文が身について忘れることがなくなる。一日に十の構文を身につけるためには、せいぜい二百から三百の文章を書くだけでいいのである。机に向かって書く必要などない。ソファにふんぞり返って、遊ぶようにして書くだけで身につくのである。

こういう勉強をしていると、文の構造、文の論理というものに意識が敏感になる。つまり、自分の話すことや他人の意見の論理が以前より明瞭に感じとれるようになる。言語についての感性が磨かれてくるのである。

当然ながら、自分が使う言葉も以前よりも精確になる。外国語をある程度使える人の日本語のしゃべり言葉がそのまま文章として完結したものであるのが多いのはこのためである。反対に、外国語に興味がない人の日本語はかなり不完全であることが多い。テレビのキャスターたちの日本語を聞いていてもこれははっきりとわかる。外国語ができるキャスターたちは日本語においても正しい文章を話していることが多いのである。

コア・イメージを把握する

外国語の初学者がおちいりやすい誤解は、外国語はきちんと日本語に置きかえることができるという思い込みである。たとえば英語でrunとあれば、「走る」と対応的に思い込んでしまうことだ。いつも簡便な英和辞書に頼って英語を理解しようとするとこうなる。

runでいえば、この語にぴったりと対応する日本語はない。runはある種の継続、流れ、連綿性を表現する語であり、それらをすべて含めた日本語はない。だから、英和辞書にはいろんな訳が載っているわけだ。その冒頭にある「走る」が代表的な意味ではないのだ。

このように、語はそれぞれの概念を持っている。それはかっちりとしたものではなく、中心に近づくほど濃くなる霧のようなものだ。これをコア・イメージと呼ぶこともある。それぞれの語のコア・イメージがわかると、外国語の理解が飛躍的に高まる。英語の初学者にとっては、特に前置詞のコア・イメージの習得が最重要となる。

コア・イメージはよく訓練された優秀な外国人教師によって身振り手振りで教えてもらうのがよいのだが、ありがたいことに今ではＮＨＫの教育テレビの語学番組でも学ぶことができる。外国語に限らず、教育テレビはとても高いクオリティの番組を提供してくれている。まじめに教育テレビで学ぶなら、昨今の大学生をはるかにしのぐ教養を得ることができる。

文化を学べば習得の速度が増す

外国語のコア・イメージは名詞にもある。たとえば、「犬」という語である。「犬」は英語においても、ドイツ語においても、たんに動物の種類を示す語ではない。みじめな、あわれな、という一般的なイメージの他に「異教徒」という意味すら持っている。日本語での「犬」に、追従者、手先という意味があるようにだ。

こういう名詞のコア・イメージは、時代、文化、歴史によって形成され、また変化もするので、語学の他に宗教、歴史の教養がなければ的確に把握できないものである。教養があれば、「ホワイトエレファント」がたんに「白い象」という意味ではなく、「やっかいな贈り物」という意味で使われていることがわかるようになる。

教養があるほどに外国語の理解が深く正確になるのだから、大人になってからの語学学習は少しもヒケをとるものではない。むしろ有利であるともいえる。語学は数学と異なり、積み重ねではなく、理解がものをいうからである。

よって、一外国語の学習に専念していればもっとも速く習熟できるというものではない。同時に多くの本を読み、教養を深め、広めていってこそ、外国語が身につく速度が増すのである。なぜならば、外国語は外国文化だからである。

第5章
考える技術・調べる技術

あらゆる論はすべて仮説にすぎない

名著だからといって信じるな

勉強のために名著を読むのは大いにけっこうなことだけれど、その本の内容を頭からまるきり信じてしまうような態度はまちがっている。

というのも、有名な学者が述べている有名な論だから正しい、と言うことはできないからだ。ところが多くの人は、いわゆる名著に書かれていることはおおむね真実をついていると根拠もなく信じてしまうようである。

経済史、比較社会学の分野でいえばマックス・ヴェーバーはもっとも著名な学者であり、彼の代表作『プロテスタンティズムの倫理と資本主義の精神』(一九〇五)は資本主義発生の秘密と動機を解明したものとして広く知られている。

ヴェーバーの説によれば、キリスト教プロテスタントの中でもカルバン派とその流れにあるピューリタンたちが禁欲的に働くことによって資本主義の土台が形成されたという。

キリスト教プロテスタントは十六世紀の半ば、マルティン・ルターという修道僧によってドイツに発生した。プロテスタントとは反教皇主義という意味であり、教皇や聖職者の仲介によって神からの救いが確信されるのではなく、個々人が神と直接に向かいあっているのだと主張する立場である。要するに反カトリックである。

ヴェーバーの説は正しいか？

この考え方は宗教改革と呼ばれ、中世ヨーロッパ各地に飛び火した。中でも、スイスでカルバンが提唱した宗教改革は極端なもので、神国政治の実現を意図した他に、カルバンは神からの救いはあらかじめ定められていると強調した。

つまり、誰が救いにあずかるかどうかはすでに決定されていて、それは現世での行ないに反映されているというのである。たとえば、毎日二時間の教会での説教中に居眠りする者や年の大きく離れた相手と結婚する者などは救いに定められていないという。

節約と勤勉の態度はその人が救われるかどうかの大きなメルクマールとなり、自分の職業における労働がうまく成果を上げるならば、それは天の神から定められた職業だからであり、救いのしるしとされた。

そうなると、カルバン派の人々は不安と恐怖を抱くことになり、救われることを自分に確かめるために積極的に禁欲的な生活を送って勤勉にいそしむしかなかった。そういう状況から、天命とされた職業への献身と同時に資本の蓄積が生まれ、それが資本主義の精神になったのだとヴェーバーは述べたわけである。

たんに営利欲が資本主義を発達させたという論ではなく、宗教を起点に人間の内的動機に着目したという点においてヴェーバーの説は画期的だったのだ。

けれども歴史を虚心坦懐に眺めてみると、ヴェーバーの説は少し強引すぎるのではないかと思えてくる。なぜならば、資本主義はカルバン派とその流れを汲む信者だけによって促進されてきたわけではないからだ。

新しい論を打ち立てる余地はある

プロテスタントのルター派、旧来のカトリック信者、ユダヤ教徒らもまた近代的な資本主義を発達させてきたのだ。その地域はイギリス、オランダ、アメリカなどである。

これらの地域に共通するのは移民、すなわち人間の移動である。新しい地に新しい人々が入ってきたとき、その地は新しい刺戟を受け、知的にも経済的にも発展するという傾向が見られるのである。

人々の流入が見られない場所では知的な面でも経済的な面でもめざましい発達はなかった。そのもっとも身近な例は日本だ。鎖国が解かれるまで日本は学問においても経済においてもまったくの後進国であったのは歴史年表の事項を比較してみるだけでもわかる。

そしてヨーロッパでは、特にユダヤ教徒の移動がその地の経済を発展させてきた。

ユダヤ教徒は差別のためにいつ土地を追われるかわからなかったために効率のいい商売に励んだし、どこの国でもすぐに役立つような種類の技術を身につけていなければ現実に生きていけなかった。また、国のなかった彼らは常に他国に住んでいたため、その国に昔からある伝統や制度などに縛られずに自由な発想をすることができたのだった。

また、前に述べたようにヨーロッパ各国ではすでに中世から、王家と支配階級がユダヤ人金融を利用して為替益で儲ける商売に励んでいた。彼らは一方でユダヤ人を差別しながら利用したのだ。中世から近代までの戦争の経費はユダヤ人の金融と商売の手腕がなくしてはまかなえなかったのである。

ユダヤ人は舞台裏で世界の経済を支えてきたばかりではない。彼らは差別のために世界各地に住み、その地での経済を発展させてきた。アメリカで初めて工場を建てたのはユダヤ人だし、十七世紀半ばにジャマイカに移り住んだユダヤ人は砂糖産業を興している。有名なジャマイカの砂糖は現地の人々の発案ではなかったのだ。

このようにしてみると、ヴェーバーの論はずいぶんと狭い見方だし、資本主義発展の内的動機がプロテスタント・カルバン派の倫理から出てきたというのはあまりにも極端な論だとわかってくる。

こういうふうに、有名な学者の論のどれもが正確だということはできないのだ。あらゆる論はその時代での仮説であり、永遠の真理というわけではない。だからこそ、わたしたち自身がまた新しい論を打ち立てる余地がいくらでも残されているのである。

考え方を観察する

さまざまな考え方を知るために

文化の差異とは、考え方の差異である。

たとえば、盗みについて。キリスト教文化圏では、盗みの行為そのものが罪とされる。イスラム教文化圏では、盗みの行為そのものが罪だとはされない。欠乏という動機があっての盗みは罪ではない。また、盗んだ物を返せば、罪かどうかは問われない。

本の差異も、内容ではなく、考え方の差異である。同じテーマを扱っていても、その著者や時代によって考え方が異なる。考え方とはつまり、どこからどういうふうにたどって、どういう結論に達するかということだ。

本として著わされたものにどういう考え方が展開されているのかということは、一冊まるごと読んでわかる場合もあるし、部分をとびとびに読んだだけでわかる場合もある。

これまでに数多くの本を読んできた人は部分的に読んだだけで考え方の特徴を類推できるようになっているし、そうでない人は一冊を丹念に読んだうえで考え方を理解する。

自分とは直接に関係のないまったく別の分野の本を読んでも結果的に無意味ではないのは、考え方を知ることができるからだ。さまざまな考え方は、当然ながら自分の考え方の参考になるし、また応用もできるものだ。

これは多くの人に会って異質の考え方を知る方法よりもずっと手早い方法である。だから、本を読むことは視野を広げる点でもっとも効率的なのである。

結論ではなく考え方を学ぶ

考え方そのものを特徴としている本もある。当然のことながら哲学全般がそうであるし、古典のポピュラーなものでは、たとえばアランの一連の著作がそれである。現代日本のかっての有名なものでは小林秀雄の『考へるヒント』（文春文庫）、最近のものでは、養老孟司の唯脳論関係の著作、西部邁の『学問』（講談社）が独特な考え方を売りとしている。

自分がどの著者の意見に賛成だろうかなどという姿勢で本を読むなら、結局は好き嫌いや損得で他人を選別するのと同じことだ。そうではなく、どんな人をも理解しようと努めるように、書物にははっきりと表現されているさまざまな考え方をじっと観察してみるのである。これが自分の考え方を磨く最上の方法となる。

ユダヤ人は頭がよいとされる。なぜ、頭がよいのか。理由は明確だ。世界でもっとも古くから多くの考え方を学んできたからである。彼らは紀元前から聖書と『タルムード』を通じて、考え方を学んできたのである。

『タルムード』とは、聖書の注釈と解釈の書物だ。紀元前からその注釈と解釈は増え続け、今では全巻を運ぶのにトラックが必要なほどの量になっている。そんな膨大な量の書物に記されている各時代の注釈と解釈はどれも決定的なものではない。つまり、それぞれがそれぞれの時代と状況の考え方の見本としてそこに書かれているのである。

ユダヤ人は子供のときから当然の義務として聖書を読み、十五歳から『タルムード』を読んで自分なりに考える。それは宗教的には神の意思を知ろうとする努力の一環なのだけれど、一方では多くの異なった考え方を学ぶことになっているのである。その結果として、ユダヤ人から多くの有能な人材を輩出している。

人間の書いた書物は、その内容を頭から信じるための金科玉条として存在しているのではない。そこからさらに考えていくためのヒントとしてあるのだ。正しいかどうかということではなく、一つの見解として存在している。

結論として見解がどうあるかではなく、どのようにしてその見解に達しているのかが問題なのだ。そこを見きわめるのがもっとも肝心なのだ。

そこを見ようとするときに、わたしたちの頭脳はようやく動きだして、「考える」ことを始める。ここに知性の始まりがある。そしてこれは本人の意思によることだから、誰も手をとって教えることができない独学の領域でのみ生じることなのである。

あるテーマについて調査する

自分で調べてみる

どんな事柄も、自分で調べることで新しい側面が見えてくる。インターネットで検索すればそれなりの答えが出てくるが、それは情報にすぎない。すでに述べたが、情報は一過性のものであり、いくらでも変わりうる。

だから、調査すべきは事実に近い知識である。知識はある事実についての表現だから、そこには加工や編集がある。一つの事実をいくらでも色づけすることができる。したがって、どんな知識も完全に事実そのものに即しているということはできない。

だからこそ、どういう事柄であっても、自分で調べてみる甲斐があるともいえる。そもしてまた、調査の末に新しい知識を発見する可能性が残されているわけだ。

さて、自分が関心を寄せる事柄を調べる場合にもっとも障碍となるのは偏見や思い込みである。偏見や思い込みがあっての調査は、最初に結論ありきの調査と同じことで、そこから新しいものを発見することができなくなる。

キーワードを書き出す

そのうえで、まずすべきことは、自分が調査する対象についての言語化だ。つまり、調べたい事柄のキーワードをいくつも書いてみる。

このとき、概念の広すぎる言葉を中心にしない。たとえば、武士の生活実態について調べたいのならば、「武士」をキーワードにせず、具体的な事柄をキーワードにする。「武士の俸禄」「武士の住居」「武士の権限と義務」「武士の結婚」「武士の人数」といったふうにである。このキーワードはあとから増えていくから、最初から限定して決めつけないようにする。

概念の大きな言葉「武士」については、必ず語源を調べる。すると、「もののふ」とか「さぶらい」という言葉を見つけるだろう。そうしたら、それらについても語源を調べておく。すると、いつ頃から武士という概念が生まれたかわかるからである。

次には、数種類の百科事典でキーワードや関連用語などを調べる。そこから関連書籍にどういうものがあるか見つけることもできる。図書館の蔵書用コンピュータでもキーワードに関連する書籍のタイトルを調べておく。

次には、それらの書籍の頁を開き、まずは目次を見て、調査に沿うような記載があるかどうかチェックする。必要だと思われる記事があるなら、その部分をコピーしておく。

その書籍が学問的なものならば、目次がその章の内容を代弁しているし、巻末の索引や参考文献表によって、さらに必要な書籍の題名がわかるようになっている。

本を手に入れる

こうして、自分の調査対象について読むべき書籍がどれなのかだんだんとわかってくるわけだ。次には、それらの本を買うなり借りるなりすればいい。

書名だけを手がかりに一括して註文するのはあまり賢い方法ではない。というのも、書店でその本を手にして最終チェックしたほうが確度が高くなるからだ。書名が内容を反映していない本も少なくない。また、書店で別のもっといい本を発見することもできる。

絶版になっているものはインターネットで探すか、古書店を廻るしかない。古書店を一軒ずつ見て歩くのは時間がかかるものだが、予想もしていなかった重要な書籍との出会いもある。わたしは毎回の資料探しのたびにこの不思議な出会いを経験している。

こうして集めた本は、一テーマにつき少なくとも五十冊以上に及ぶのがふつうだ。しかし、そのすべてが重要な書物ではない。選択する必要が出てくる。そこで、拾い読みや斜め読みで、重要度別に分ける。一冊につき数分もかからない作業だ。

まるごとじっくり読む本がどれか、部分的に重要な本がどれか、このときにわかる。これらの本は段ボール箱にでも分けて入れておいたほうがいい。資料はそのつどごとに整理しておかないと、収拾がつかなくなりやすい。そうしたら、次は熟読の段階に入る。

幾冊も読んでいるうちに、魅力的で熟読すべき重要な本だと思っていたものがさして重要でないことに気づくこともある。その試行錯誤は無駄ではない。迷ったり、やりなおしたりしているうちに正しい選別ができてくるものだ。

もちろん、熟読にあたいする本とは、自分の考えに近い本のことではなく、客観的な記述をしていて、論が歪んでいない本のことである。著書の有名度にはまったく関係がない。それは、本書でもすでに述べたマックス・ヴェーバーの例でもわかるだろう。

言葉をきちんと調べる

書物で用いられている言葉や用語について、注意すべきことがある。それは、同じ表現の言葉や用語であっても、著者によって、あるいはその本が書かれた時代によって、意味範囲が異なる場合があるということだ。

たとえば、十九世紀の書物に記されている科学という言葉の意味は現代とは異なって厳密なものではない。平等とか法の概念も現代と近代では異なる。借金についても現代とは意味合いが異なる。借金の返済ができないことは多くの国で罪とされ、そのために奴隷とされたり、罪人とされてきたのだ。有名な作家ディケンズの父親は数十ポンドの負債のために投獄されている。十九世紀イギリスのことである。

お金でいえば、西欧の中世初期までは、貨幣は主に税の支払いに使われていた。現代のように、庶民が貨幣で商品を買うということはなかった。こういうふうに、現代の価値観によって古典に書かれていることを即座に判断してはまちがう可能性が高いので、古い本を読むときは用心すべきだ。

書かれていることを疑う

また、当然のようにして本に書かれている事柄そのものをも疑う姿勢を持つべきだ。そのためには、ある論と正反対の論を述べている本をも読んでみるのである。すると、どちらに偏見があるのかわかってくるからだ。

たとえば武士関連でいえば、「武士道」という言葉がある。歴史的事実としてそういうものがあったことを前提にして書かれた本がある。しかし、それを否定する本もあるのだ。

その一冊は『戦場の精神史』（佐伯真一著、ＮＨＫ出版）である。そこには、新渡戸稲造の『武士道』についてこう書かれている。

「『武士道』は、あまり日本史に詳しくない新渡戸が自己の脳裏にある「武士」像をふくらませて創り出した、一つの創作として読むべき書物であって、歴史的な裏づけのあるものではないことは、改めて確認しておかねばなるまい」

もちろん、この本にはその論拠がたくさん述べられている。

西洋に目を転じれば、わたしたちは西洋中世には「騎士道」というものがあったというイメージを事実のように思い込んでいる。けれども、そういった騎士道というのは中世に創作された騎士物語から生まれたものであり、実際の騎士は報酬でいくらでも寝返るいわば傭兵だったのだ。

しかも騎士たちは戦争のないときは平気で強盗や殺人を犯す乱暴者ばかりだった。なぜこういうことがわかるかというと、十字軍を呼びかけた教皇の言葉として、「これで、ふだんは強盗や殺人をしている乱暴者の騎士たちを厄介払いできる」というものが記録として残されているからである。

◇テーマに沿った調査方法〈基礎作業〉

◎テーマに沿ったキーワードの選び出し

▼
▼

◎そのキーワード、また頻出する関連用語、語句、術語等の意味範疇の把握

◎語源の調査

（同じ言葉でも時代や国によって意味範疇が異なることに要注意。たとえば、距離単位である一里は時代によって 4 キロの場合もあるし500 メートルの場合もある。色名と実際の色も国によってかなり異なる。）

▼
▼

◎テーマ範囲の歴史環境の把握

（歴史地図等によって、世界史比較をし、当時の戦争や事件、人口移動などの事情を考慮しておく。その時代の重要人物にも留意する。関連歴史書は必ず読んでおく。）

▼
▼

◎宗教環境の把握

（変化をもたらす政治環境ばかりではなく、宗教環境も調査しておく。ユダヤ教、キリスト教のカトリック、プロテスタント、イスラム教の基礎教養は必須。宗教環境の把握によって理解の正確度が高まる。）

▼
▼

◎生活環境の把握

（民族誌などを参考に、その時代の人々の暮らし全般を考慮する。古い時代ほど、為政者と庶民の暮らしの差は大きいことに留意する。歴史の教科書等に記されているのは為政者の動向がほとんどである。）

▼
▼

◎テーマに直接に関係する書籍や資料の選別

・一人の著者や特定学派に偏らない
・特定の見解に肩入れしない
・主張の相反する書籍を合わせ読む
・名著を正しいとしない
・安易な解説書に頼らない

▼
▼

◎研究の始まり

このように、調べれば調べるほどに意外な事実というものが少しずつ浮かび上がってくる。そして、今後他の書物を読むときに、論のどの部分が偏見なのか、論拠のないものなのか、見えてくるようになるのだ。

洞察力が身につくとか頭がよくなるとはそういうことを指すのだ。書物を読んでそのままに信じるのは盲目的な信仰のようなものだ。あるいは、付和雷同というものだ。実際、多くの人がそういう態度で生きているのである。

そこを打破して事実ぎりぎりまで近づくのが独学による調査なのだ。そこから、おのずと新しい見解や新しい考えが出てくるものなのである。

フリーノートを持つ

書いておくと疑問が解決できる

自分なりに勉強していると、いろんな疑問や発想が自然と出てくるものだ。それを書きとめるためにフリーノートを持つと便利だ。

このノートにはたとえば「エレベーターの最初はいつ？」などとメモしておく。これは自分の勉強から派生的に出てきた疑問だ。こうやって記しておくと、いつか偶然のように答えがわかる日が来る。

ちなみに、世界最古のエレベーターは紀元前四〇年頃からパレスチナをローマ帝国から任されていたヘロデ大王の建物にあった。もちろん、人力で動くものではあったが。

「なぜ、中世の絵画に乳児が描かれることはあっても子供が描かれていないのか」

現代でいえば小学生にあたるような年齢から大人と同じように働き、今のような子供という概念がなかったからである。

「なぜ、軍人であったデカルトは冬にドイツでのんびりと暮らしていたのか」

当時は冬は休戦するのが常識だったからである。

こういった事柄はそれひとつひとつでは雑学に見えるかもしれない。しかし、古典を読むときの理解を深めるのに役立つのである。それだけ現代のわたしたちは過去の世界の生活について知らないからである。

フリーノートには自分が勉強している事柄についての疑問ももちろん書き込むようにする。わたしはヴィトゲンシュタインの『論理哲学論考』を読んだとき、最後の一行がどうしても不可解だった。それはあの有名な文句である。

「語りえぬものについては沈黙しなければならない」

わたしは「語りえぬもの　ヴィトゲンシュタイン」とメモしておいた。そして、それはやがて判明した。語りえぬものとは、神に関わる神秘的な諸々の事柄なのだ。「沈黙しなければならない」のは、言葉でどのように語ろうとも、言語表現にはおのずと限界があるために結局はまちがったことを語ってしまうからである。

それがわかったきっかけは宗教だった。ヴィトゲンシュタインの思想の根底にはキリスト教のカトリックがあり、その視点から見なおすと彼の哲学がよく透視できるようになるのである。

フリーノートの技術

フリーノートへのメモは整然と書く必要などないどころか、むしろ粗末な字で自由にメモしたほうがいい。大きな字であったり小さな字であったりするわけだが、そこにはメモしたときの自分の関心の度合いや感情が表現されることになる。

だから、電子ノートであってはならない。なぜなら、どんなメモも無機質な書体で濃淡や強弱なしに並列列記されてしまうからである。これだと、すべてのメモが無個性化して、心に引っかからない、印象の薄いものになってしまうのだ。もちろん、フリーノートを整理してパソコンに転記することなど、メモの意味を無化することだ。

フリーノートには一般のノートブックを使ってもいいし、大きめのノートパッドを使ってもいい。わたしは四十枚ほどで綴ってある原稿用紙を使っている。しかし、書き込むときには罫を無視して使う。

このフリーノートには発想や疑問のメモの他に、必要な書籍のタイトルなども記しておく。あとでそれが不必要だと思ったら、一本か二本の線で消す。黒く塗りつぶしてしまわないのは、何が不必要だったかあとからもわかるようにするためである。

コピーの一部分を貼りつけることもある。まさしく自由に使っていいノートなのだが、一頁につき二項目以上の関係のない事柄についてのメモはしないようにする。これをやると、ただの雑記になって収拾がつかないし、メモごとに整理できないようになる。

また、メモした頁の裏には書き込みはしないようにする。つまり、ノートブックならば片面しか使わないようにする。これも、あとから関連メモごとにまとめやすくするためである。他にもいろいろ工夫を加えることができるが、フリーノートにメモすることに強くこだわるのは本末転倒というものだ。

図書館を活用する

メモとコピーを整理しておく

図書館は知識の宝庫である。多くの資料、多くの古典が備えられている。図書館で調べ物をするよりインターネットで調べ物をするほうが手早いという風潮があるようだが、実際には図書館で調べたはうが早く、正確に行なえる。図書館は独学者には欠かせないものである。

日本は図書館の多い国である。しかし、どの図書館も蔵書と設備が充実しているわけではない。今では多くの図書館が雑誌や娯楽本の無料貸本屋という状況になっている。それでもなお古典が書庫にある以上、図書館は知的価値の高い場なのである。

しかし、図書館利用が無料だからといって、独学のための必要な書籍をすべて借り物ですませるのはよくない。じっくり読む必要のある本は買って自分のものとすべきである。そして図書館では、もう手に入らない本や古い資料にあたるのである。

そういう資料調査のとき、自分がどういう本を調べたかをメモしておくのが賢明である。これをやらないと、あとでもう一度調べようとしたときに記憶があいまいになって時間と手間の浪費となるからだ。

資料の整理法としてはいくらでも工夫がつけられる。たとえば、A4、もしくはB4の封筒にメモと資料コピーを入れ、封筒の上に日付を記しておけばいい。封筒ではなくクリアファイルを使えば、外から見て分別できる。調査記録としてのメモは大きさや種類を統一しておけば整理しやすい。

調べ物の記録をパソコンに整理して入力するのはやめたほうがいい。資料のコピーとばらばらになって収拾がつかなくなるだけだ。パソコンに入れたデータは事故によって消滅することがある。手書きのものをファイルに同封しておくのがもっとも無難である。

調べ物の基本

図書館で調べ物をするために、自分なりの疑問ノートをあらかじめつくっておいたほうが方向性がはっきりする。何を調べるのか、何について疑問があるのか、明確に記したノートである。一つ一つの疑問や問題意識についてては日付をつけておく。こうすると、独学の深まりがよくわかる。

わたしは一枚のボール紙を使っている。そこに一テーマについての問題、もっと深く調べなければならないこと、疑問を記しておくのである。これは、わたしが一冊の本を書くのを仕事としていること、これまでの知識の応用ができること、といった特殊性の上に立っているから誰でも使える方法ではない。

しかし、一つの平面に問題点を記しておくのは、すべてを見渡せるという意味では応用できるだろう。また、調べ物をしているうちにささいな事柄に入っていって大局を忘れてしまうというあやまちも防げるからである。

調べ物の最初には数種の百科事典に目を通しておくのは常道である。その問題について一般にどのように概説されているのか知っておかなければならない。けれども、百科事典の説明を全面的に信用してはならない。正しくない場合もあるし、偏向している場合もあるし、通説のみが記されている場合もあるからだ。

ネット上の百科事典とでもいうべきウィキペディアはほとんど参考にならない。あれは一種の無責任な遊びであり、記事の信憑性はかなり低い。

図書館の近くに住む

調べるべき本が図書館にない場合は、図書館の相互貸借制度を利用して取り寄せてもらえる。東京都立中央図書館は貸し出しをしていないが、別の一般図書館から請求すると、中央図書館の蔵書を貸し出してもらえる。大学の図書館も同じである。知は開かれているのである。

一般人が図書館を利用できる大学もあるが、これは大学によって異なるので問い合わせするしかない。貸し出してもらうのではなく閲覧だけでいいのだったら東京都立中央図書館がもっとも充実した蔵書を備えている。しかし、ふだんは近所の区立・市立図書館の本館でたいがいの事柄の調べ物はできるものだ。

近くに本館があるのなら、そこを充分に利用したほうがいい。どこの棚にどういう書物があるか見当がついて、調べ物の効率がよくなるからだ。

もし近所にまともな図書館がないというのなら、さっさと引っ越しをすべきだろう。そういう土地の行政が非人間的だということを露呈しているからだ。

財政破綻した夕張市は図書館を閉じるとしたが、そういう非人間的な感性だからこそ、くだらない遊園地をつくって市をだめにしたのである。役所をバラック小屋にしてさえも、図書館と病院と学校は充実させるのが人間的というものであろう。

あとがき　独学は人生を変える

独学を続けていると、人生が変わる。

知識が増え、それにつれて考え方や視点が幅広くなっていくからである。考え方が変わるのだから、価値観や行ないも変わる。その行ないは当然ながら他人の目に映り、そこから人間関係も変わっていくことになる。すなわち、人生が変わる。

また、独学しているうちに、自分に強い影響を及ぼす書物に出会うことにもなる。そういう本は生涯で数冊程度だが、人生の友となるものでもある。このような本を持つことは確かに大きな幸せの一つであるはずだ。

人生を楽しむとは、お金を使って享楽的な日々を送ることではない。一日一日に、自分がたずさわる事柄や仕事に、出会う人々に、かけがえのない意味を見出し、ふつふつとした喜びを感じて生きることだ。

そういう人生を送るためにも独学は大きな力となる。なぜならば、独学による成長と変化は人間の内側からのものだからである。環境、時代、文化状況は人間に影響を与える一因であるし、セミナーや研修会を通じて自己の変化を感じる人もいるが、独学による変化こそ人間の最深部からの変化となりうるものだ。これは誰もが体験して証明しうることだ。

多くの体験をしたからといって、人生の多くを、あるいは世界の多くを知っていると言うことはできない。体験はどれも個人的なものであり、その一回限りのことだからだ。体験は過ぎ去り、深化追究されない。

しかし、知識は普遍的であり、人間が古代から積み重ねてきたものなのだ。これこそ、人類の宝である。この世に生き、そして人類の宝の輝きを享受するのが独学なのである。

独学して自分を内側から輝かせること。これは人間の美しさの一つである。そういう美しい人間になることは、たった今から誰にでもできることなのである。

二〇〇六年十二月

白取春彦

携書版のためのあとがき

本書を読んだ方はすでにわかっているだろう。これは独学の方法論やハウツーではなく、独学の姿勢をわたしなりに説いた本だ。

今すぐ使える技術の一つすらも書かれていない。だから、実用性を重視するような読者には好まれないかもしれない、役立たないと思われるかもしれない。

確かに、試験でいい成績をとろうという人にはまったく向かないだろう。しかしわたしは本音を言うのだが、試験でいい成績をとってどうする。そのことは頭脳の優秀さや人として有能であることを証明するのか。ちがうだろう。わずかに証明できるものといえば、誰かに使われる道具としての性能がやや良という程度のことだけではないだろうか。

試験は、あらかじめ用意されている正答に合致した選択や記述をした者だけに点数が与えられる。出題側が隠し持っている答を越えていても、点数はまったく与えられない。そのシステムの範囲内のみでしか相手にされないものなのだ。

また、試験は、ある程度の知識量と要領のよさくらいしか測定できない。たとえば、受験テクニックと暗記だけで及第点をとった者と、その事柄に本当に精通していて受験勉強などせずに及第点をとった者との質の差を判別できない。わたしが本書の全体で述べているのはこの後者のほうの勉強をしようということなのだ。

自分が経済的にも社会的にもあとあと得するように何か試験に受かろうとする態度はそもそもさもしい。本当に得するかどうかなど誰も保証していない。そんな目先のことしか見えない小さな人間になってどうするのか。あるいは、損得で動く人間になってどうするのか。そしてまた、何を以て損といい、何を以て得とするのか。いったい、どこから何を見て、そういう判断ができるのか。妄想にすぎない。

世にはびこる多くのハウツー書、テクニックを披露した書物は、肥大化する妄想に合わせた本だ。その場しのぎに役立ちそうに見える本だ。それらのおかげで試験に受かることもあるだろう。だからといって、これからの現実が自分にとって容易になるわけではない。

そしてまた、何か試験に受かるためにする勉強は苦しいものだし、プレッシャーになる。

限られた時間の中で、興味のないことでも浅く広く覚えなければならないからだ。そして試験が終わればすぐに頭から揮発してしまい、自分の血肉にはならない。現実の仕事の中で応用できることもそれほど多くはないだろう。

それよりも、自分の興味の持てることを自分のペースでとことん独学したほうが楽しいではないか。興味があるから、知りたいから、もっと深く追求してみたいから、という動機ほど強いものはないし、持続力が何の抵抗もなく自然に保たれるものだ。そのような独学からこそ新しい発想と新しい力が生まれる。世界的建築家のあの安藤忠雄氏もまた独学の人だったのだから。

二〇一二年八月

白取春彦

本書は、二〇〇六年に小社が発行した『勉学術』を携書にしたものです。

ディスカヴァー携書 088

独学術

発行日　2012年9月15日　第1刷
　　　　2012年11月15日　第4刷

Author　白取春彦

Book Designer　石間　淳

Publication　株式会社ディスカヴァー・トゥエンティワン
〒102-0093　東京都千代田区平河町2-16-1 平河町森タワー11F
TEL　03-3237-8321（代表）
FAX　03-3237-8323
http://www.d21.co.jp

Publisher　干場弓子
Editor　藤田浩芳

Marketing Group
Staff　小田孝文　中澤泰宏　片平美恵子　千葉潤子　井筒浩　飯田智樹
佐藤昌幸　谷口奈緒美　山中麻吏　西川なつか　古矢薫　伊藤利文
米山健一　原大士　郭迪　蛯原昇　中山大祐　林拓馬　本田千春
Assistant Staff　俵敬子　町田加奈子　丸山香織　小林里美　井澤徳子　橋詰悠子
藤井多穂子　藤井かおり　福岡理恵　葛目美枝子　田口麻弓
佐竹祐哉　松石悠　小泉和日　皆川愛

Operation Group
Staff　吉澤道子　松尾幸政　福永友紀
Assistant Staff　竹内恵子　古後利佳　熊谷芳美　清水有基栄　小松里絵　川井栄子
伊藤由美

Productive Group
Staff　千葉正幸　原典宏　林秀樹　石塚理恵子　三谷祐一　石橋和佳
大山聡子　徳瑠里香　堀部直人　井上慎平　田中亜紀　大竹朝子
堂山優子　山﨑あゆみ　伍佳妮　リーナ・バールカート

Digital Communication Group
Staff　小関勝則　中村郁子　松原史与志

Printing　凸版印刷株式会社

ISBN978-4-7993-1225-4

携書ロゴ：長坂勇司
携書フォーマット：石間　淳